新时代文化自信丛书（第一辑）

讲仁爱

中国国学文化艺术中心／编
张　磊／著

红旗出版社

图书在版编目（CIP）数据

新时代文化自信丛书．第一辑．讲仁爱／中国国学文化艺术中心编；张磊著．-- 北京：红旗出版社，2023.7

ISBN 978-7-5051-5311-0

Ⅰ．①新… Ⅱ．①中… ②张… Ⅲ．①仁—中国—干部教育—学习参考资料 Ⅳ．① D64

中国版本图书馆 CIP 数据核字（2022）第 210767 号

书　　名　新时代文化自信丛书（第一辑）·讲仁爱
编　　者　中国国学文化艺术中心
著　　者　张　磊

责任编辑　吴琴峰　　　　责任印务　金　硕
责任校对　吕丹妮　郑梦祎　　　　装帧设计　大荣原创　顾　页
出版发行　红旗出版社
地　　址　北京市沙滩北街2号　　　　邮政编码　100727
　　　　　杭州市体育场路178号　　　　邮政编码　310039
编 辑 部　0571-85310467　　　　发 行 部　0571-85311330
E － mail　359489398@qq.com
法律顾问　北京盈科(杭州)律师事务所　钱 航　董 晓
图文排版　浙江新华图文制作有限公司
印　　刷　北京画中画印刷有限公司
开　　本　710 毫米 ×1000 毫米　1/16
字　　数　105 千字　　　　印　　张　10.25
版　　次　2023 年 7 月第 1 版　　　　印　　次　2023 年 7 月第 1 次印刷
ISBN 978-7-5051-5311-0　　　　定　　价　270.00 元（全六册）

编写说明

中华优秀传统文化绵延不绝，历久弥新，特别是以儒家文化为核心的中国传统哲学，致广大而尽精微，极高明而道中庸，是中国古代学术思想的主流，也是民族文化的精髓。如今，中华优秀传统文化越来越受到人们的重视，日益彰显出魅力和价值。

一个国家的文化自信源自对优秀传统文化的传承。所以，复兴和传承中华优秀传统文化的意义极其巨大，不仅能提升国家文化软实力，也有利于重塑民族道德体系。基于此，“传统文化与中小学生人格培养研究”（教育部规划课题）、“中华优秀传统文化教育研究”和“中华优秀传统文化传承体系构建研究”三大课题合并研究，着手解决学科教育理论和课程构建等核心问题，旨在为中华优秀传统文化的伟大复兴作出积极努力。

作为课题的重要研究成果之一，本丛书系统阐述了传统文化人文精神与当代行政管理的内在有机联系和相互融合，为各级行政机构提升执政思想、强化决策能力、创新执行策略、扩大用人视野、提升人文素养等提供了完整的理论体系和指导，体现了“为人修身、为政以德、为官有法、公正和谐”的新时期执政理念。

因中华传统文化经典卷帙浩繁，且古籍版本流传不一，所以本丛书在引用原文并进行译注时博采众长，参考了中华书局、商务印书馆、上海古籍出版社、岳麓书社等出版社的相关权威版本，并根据标点符号用法的现行规范作了处理。

为了在便于阅读的基础上尽可能地保留古韵，丛书以简体竖排的形式对所引原文进行呈现。同时，我们考虑到汉以前著作的作者和创作年代多不能确考：有的因年代久远而难以考证，如《周易》《左传》等；有的并非一时、一人所作，后经人收集、加工、修改，编纂成册，如《论语》《诗经》等；有的甚至是托名创作的作品，如《管子》《晏子春秋》等。诸如此类，不一而足。为了避免争论，丛书对此作了统一处理，即汉代以前的著作只标出书名，汉代及以后的则标出书名、作者和创作年代。

国家行政学院政治学教研部、教育部规划课题“传统文化与中小学生人格培养研究”等三大课题组、中华传统文化振兴基金会、红旗出版社等对丛书的出版给予了极大的关心和支持，陈宝生、陶西平、滕纯、季明明、郑增仪、曹卫洲、王岳、孙默、曾祥翊、马小强、洪文秋、荣光、李墨卿等多位专家也给予了大力支持，在此一并表示感谢。

中国国学文化艺术中心

总序

弘扬中华优秀传统文化
进一步坚定中国特色社会主义文化自信

读书学习，是领导干部加强党性修养、坚定理想信念、提升精神境界、涵养高雅情趣的一个重要途径。习近平总书记高度重视领导干部的学习问题，他指出，读书人不一定都要当领导干部，而担任领导职务的干部必须坚持读书学习。他还指出，在大量书籍中，领导干部应当围绕提高思想水平、增强工作能力、完善知识结构、提升精神境界，选择那些与所从事的工作关系密切、自己爱好和有兴趣的书来读，力争在有限的时间内取得最佳的读书效果。就一般情况而言，领导干部普遍应当读下列三个方面的书。第一，当代中国马克思主义理论著作。第二，做好领导工作必需的各种知识书籍。第三，古今中外优秀传统文化书籍。

我们要通过研读优秀传统文化书籍，吸收前人在修身处世、治国理政等方面的智慧和经验，养浩然正气，

塑高尚人格，不断提高人文素质和精神境界。对于先人传承下来的文化，要坚持古为今用、推陈出新，有鉴别地加以对待，有扬弃地予以继承，努力做到创造性转化、创新性发展，进一步坚定中国特色社会主义文化自信。

党的二十大报告指出："坚持和发展马克思主义，必须同中华优秀传统文化相结合。只有植根本国、本民族历史文化沃土，马克思主义真理之树才能根深叶茂。中华优秀传统文化源远流长、博大精深，是中华文明的智慧结晶，其中蕴含的天下为公、民为邦本、为政以德、革故鼎新、任人唯贤、天人合一、自强不息、厚德载物、讲信修睦、亲仁善邻等，是中国人民在长期生产生活中积累的宇宙观、天下观、社会观、道德观的重要体现，同科学社会主义价值观主张具有高度契合性。我们必须坚定历史自信、文化自信，坚持古为今用、推陈出新，把马克思主义思想精髓同中华优秀传统文化精华贯通起来、同人民群众日用而不觉的共同价值观念融通起来，不断赋予科学理论鲜明的中国特色，不断夯实马克思主义中国化时代化的历史基础和群众基础，让马克思主义在中国牢牢扎根。"

习近平总书记指出："培育和弘扬社会主义核心价值观必须立足中华优秀传统文化。牢固的核心价值观，都有其固有的根本。抛弃传统、丢掉根本，就等于割断了自己的精神命脉。"他还指出：要认真汲取中华优秀传统文化的思想精华和道德精髓，大力弘扬以爱国主义为核心的民族精神和以改革创新为核心的时代精神，深入挖掘和阐发中华优秀传统文化讲仁爱、重民本、守诚信、崇正义、尚和合、求大同的时代价值，使中华优秀传统文化成为涵养社会主义核心价值观的重要源泉。

根据党的二十大精神以及习近平总书记的重要讲话精神，中国国学文化艺术中心组织编著了“新时代文化自信丛书”，选取经典文献的原文以及名言警句等，用通俗易懂的语言将其译成白话文，对有关的背景和典故进行解释；联系实际，古为今用，以古鉴今，深入挖掘和阐发其对于解决当前问题的时代价值和现实意义，着力论述其对于培育和践行社会主义核心价值观的借鉴意义和精神力量。

我们力求使这套丛书成为各级党政干部和有自学阅读能力的人们愿意读、读得懂、易践行的通俗读物，对坚持社会主义核心价值体系起到积极的长效作用，也企盼读者提出宝贵意见。

李长喜

（中共中央宣传部原副秘书长）

目 录

第一章 仁者爱人，爱人者人恒爱之

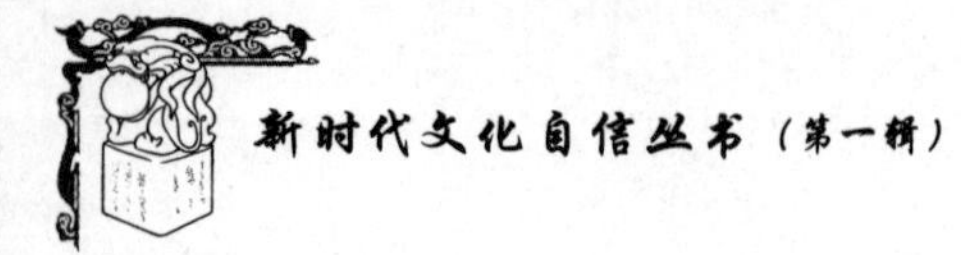

仁者爱人，是儒家仁学思想的核心观点。仁学思想，就是以仁为根本，以爱人为核心，包括尊亲敬上、忠恕之道、守德崇礼、仁者爱人、推己及人、君子人格等诸多内容的学说体系。孔子的仁学思想奠定了中国古代以民为本的政治思想、哲学思想和人文思想的基础，对中国社会产生了持续深远的影响。

仁的概念，起源于以家族血缘关系为基础建立的家国同构国家的意识形态。仁者爱人，首先要爱自己的亲人，即孝悌、亲亲，尊亲敬上。由爱亲推而广之，进而爱别人、爱众人、泛爱众，最后要达到普遍之爱、人类之爱，并及于爱万物。仁者爱人，要求人们用真心去爱人，只有这样才能达到人与人之间的真正互爱。仁者爱人，要求以仁爱精神来治国安邦，处理人们之间、社会群体之间、国家与国家之间的关系，要把仁爱推及所有国家包括落后国家。

仁者爱人把仁的体现、仁者的标准，界定为爱人，使仁的意义、对仁者的要求具体化和明确化了。所以说，孔子讲的仁者爱人，是一种致力于仁爱，践行和坚守仁爱的世界观、社会观、伦理观和道德观。仁者爱人是中华优秀传统文化的思想精华，是中华民族长期形成的伦理道德思想的精髓，至今仍有重要的理论和实践价值，应当予以继承和发扬，并加以创造性转化、创新性发展。

本章从“仁者爱人”“泛爱众而亲仁”“唯仁者能爱人能恶人”“有杀身以成仁”等方面，介绍和阐明了仁者爱人思想的基本内容。

第一节 仁者爱人

孟子曰：『君子所以异于人者，以其存心也。君子以仁存心，以礼存心。仁者爱人，有礼者敬人。爱人者，人恒爱之；敬人者，人恒敬之。』

——《孟子·离娄下》

释义

孟子说：“君子之所以与一般人不同，是因为他的用心不同。君子心里存有仁爱、存有礼义。有仁爱的人爱人，有礼义的人尊敬别人。仁爱他人的人，别人就总是爱戴他；尊敬别人的人，别人就总是尊敬他。”

解读

孟子这里所讲的实际上是君子的道德自觉。君子爱人是出于本心、出于自觉，这种本心和自觉是不求回报的。君子自觉地、真心地去爱人，才会得到别人真心实意的尊敬和爱护。道德自觉，是道德修养的至高境界，在今天仍然有着重要的现实意义。我们所说的道德高尚，首先是一种真诚的自觉追求、一种内在品质，不是为了装样子、为了做给别人看，也不是为了图得别人的回报，不能有一点虚假，有一点虚假就一钱不值。因此，君子一定要真诚、自觉，大事小事一个样，人前人后一个样；要保持平常心态，至于别人的评价，可以不放在心上。

君子之自行也，敬人而不必见敬，爱人而不必见爱。敬爱人者，己也；见敬爱者，人也。君子必在己者，不必在人者也。必在己无不遇矣。

——《吕氏春秋·必己》

释义

君子在行事过程中，尊敬他人而不一定要他人同样尊敬自己，爱护他人而不一定要他人同样爱护自己。尊敬和爱护他人，是自己应该做的；被他人尊敬和爱护，是他人的事情。君子一定是做好自己，而不一定在意他人怎么做。做好自己，也就会得到他人的认可。

解读

《吕氏春秋》是秦国丞相吕不韦主持，由其门客集体创作编撰的名著。此书以道家思想为主干，融合各家学说，其中包含许多儒家、墨家思想。书中的这段话告诉我们君子应当如何对待“敬爱人”和“见敬爱”，就是要做到“君子必在己者，不必在人者也”，即不刻意寻求回报。君子的仁爱本质上是出于对人类相互关系的认识和对自己的严格要求。君子的仁爱是出于本性，而不是出于功利或某种个人目的。君子应首先考虑自己敬人爱人，而不是要求别人同样对待自己。只有这种不抱企图、不求回报的敬和爱，才是真正的敬和爱。“君子求诸己”，是中国传统道德的重要特点和基本要求，是具有积极意义的道德要求，值得我们很好地传承。修养道德从严格意义上说，是一种规范自己行为的实践活动。它不是做给别人看的，也不是拿来同别人交换的，更不是做了图回报的，而是为了自己道德境界的升华、心灵的升华。君子敬人而不必见敬，爱人而不必见爱，严格要求自己，同时不在意别人是否同样对待自己。如果人人都以“君子求诸己”等道德要求去做，那么天下就会充满仁爱。

第二节 泛爱众而亲仁

惟天地万物父母，惟人万物之灵。

——《尚书·泰誓上》

释义

唯有天地才是孕育万物的父母，唯有人才是天下万物中最灵动的生物。

解读

这是中国古代经典《尚书》中非常重要的两句话，主要强调人在世间的重要地位。中国传统文化始终把人的尊严和价值放在重要位置。《尚书》相传是中华民族流传下来的最早的历史文献汇编，被列为儒家重要经典之一，相传孔子曾进行编纂并为之作序。这部古典著作中把人摆在天地之间万物之首的位置，充分说明中国传统文化对人的重视，这是后来儒家等诸子百家重视人，提出“爱人”“泛爱众”等思想的重要理论基础和历史文化基础。

孟子曰：『君子之于物也，爱之而弗仁；于民也，仁之而弗亲。亲亲而仁民，仁民而爱物。』

——《孟子·尽心上》

释义

孟子说：“君子对于万物是爱惜的，但这种爱惜不是仁爱；君子对于百姓是仁爱的，但这种仁爱不是亲爱。君子由亲爱亲人推广到仁爱百姓，由仁爱百姓推广到爱惜万物。”

解读

孟子这段话讲了几种爱的区别，并对各种爱的关系进行了阐述。君子的仁爱是分等级而又互有关联的。对万物是喜爱，不是仁爱；对百姓是仁爱，不是亲爱。但君子的爱又是广泛的，由此及彼的，由对亲人之爱，推及爱众人、爱百姓；由爱人类，推及爱万物。这段话使儒家的仁爱理论在逻辑上更加严谨，同时也告诉我们怎样去践行仁爱，不仅要爱亲人，也要爱百姓；不仅要爱人类，也要爱世间万物。在今天，社会上许多人也说要有善心、讲仁爱，但对什么是仁爱，如何践行仁爱不是很清楚。有的人爱亲人、朋友，却不爱其他人，甚至损人利己，这不是真正的仁爱；有的人关爱自己养的小猫小狗，但对野生动物、流浪猫狗不关心、不保护，甚至很残忍地对待它们，这并非真爱动物。仁爱不能只爱与自己有关、对自己有用的人和物，那种爱说到底是一种假仁爱。

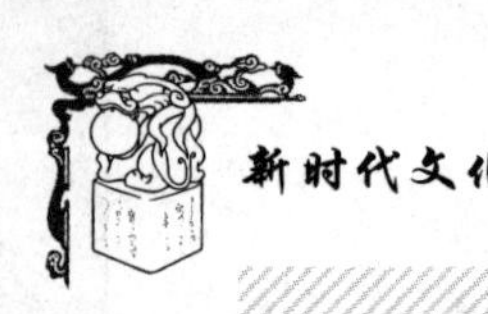

第三节　唯仁者能爱人能恶人

孟子曰：『矢人岂不仁于函人哉？矢人唯恐不伤人，函人唯恐伤人。巫匠亦然。故术不可不慎也。孔子曰：「里仁为美。择不处仁，焉得智？」夫仁，天之尊爵也，人之安宅也。莫之御而不仁，是不智也。』

——《孟子·公孙丑上》

释义

孟子说："造箭的人难道比造盔甲的人不仁吗？造箭的人唯恐他造的箭不能伤人，造盔甲的人唯恐他造的盔甲不能抵御弓箭伤人。巫医和棺材匠的情况也是这样(巫医唯恐医术不能治好人，棺材匠唯恐病人都治好了棺材卖不出去)。所以选择谋生技能不能不慎重。孔子说：'邻里以仁相处是美好的事情。如果你选择在没有仁德的地方居住，怎么能算得上明智呢？'仁是上天最尊贵的爵位，是人最安逸的住宅。没有人来阻挡却选择不仁，是不明智的。"

解读

这段话是说，明智的选择对于做到仁至关重要。天下之事没有绝对的仁与不仁，求仁在于自己的选择。对于制造战争工具的匠人来说，无论是造箭的人，还是造盔甲的人，都难以说谁比谁更加仁爱。人们应该在选择之初就慎重对待，否则选择的方向错了，再去求仁已经是不可得了。这个思想对我们今天提升道德修养也有启发意义。做一个有道德的人，首先要在人生大的方向上把持住，在人生的关键点上把持住，做到谨慎小心，否则方向出错了，再谈怎么求仁，就已经太迟了。

古人爱人之意多，今日恶人之意多。爱人，故人易于改过，而视我也常亲，我之教常易行；恶人，故人甘于自弃，而视我也常仇，我之言益不入。

——〔明〕吕坤《呻吟语·应务》

释义

古时候的人多以仁爱待人，现在的人则多以厌恶的态度待人。以仁爱对待别人，别人就乐于改正自己过失，对我也比较亲近，我的教化就更容易推行；以厌恶的态度去对待别人，别人就会自暴自弃，对我也抱以仇视的态度，我的良言更不会被他们接受。

解读

君子担负着教化的责任，怎么样施行教化呢？吕坤认为：如果你能够关爱别人，别人也就容易认识到自己的不足，而且会怀着感激之情亲近你，这样你的教化就更容易推行；相反，如果你以厌恶的态度对待别人，别人不仅不会改过，而且会仇视你，你的教化也就不容易推行了。我们今天的道德教育，也要秉持这样的态度和方法。教育人首先要理解人、尊重人，要把教育对象看作自己的朋友、亲人，不能居高临下，甚至心怀鄙视，也不能照本宣科、片面灌输，而应当循循善诱、言传身教，有针对性、有说服力地传播良好的道德理念。

第四节 有杀身以成仁

子曰：『志士仁人，无求生以害仁，有杀身以成仁！』

——《论语·卫灵公》

释义

孔子说：“志士仁人不会为了求生去做有害仁德的事，为了成全仁德，他们甚至可以牺牲自己的生命。”

解读

孔子这段话讲了仁在仁者心中的地位。孔子认为，仁对于志士仁人来说，是比生命更加重要的，是超越一切的道德原则。生命是十分宝贵的，但自己的信仰比生命更加宝贵。“杀身成仁”，就是说宁可舍弃自己的生命，也要坚守自己的信仰；宁可失去生命，也要捍卫最高的道德原则。自古以来，“杀身成仁”激励了无数志士仁人，为了捍卫真理，为了国家和民族的利益，他们抛头颅洒热血，谱写了可歌可泣的壮丽诗篇。今天我们对待道德原则、对待真理，也应抱有这样一种信念和意志，因为道德原则和真理是我们安身立命的根本，必须以生命来坚守，以生命来践行。

孟子曰：『鱼，我所欲也，熊掌亦我所欲也。二者不可得兼，舍鱼而取熊掌者也。生亦我所欲也，义亦我所欲也，二者不可得兼，舍生而取义者也。生亦我所欲，所欲有甚于生者，故不为苟得也；死亦我所恶，所恶有甚于死者，故患有所不辟也。如使人之所欲莫甚于生，则凡可以得生者，何不用也？使人之所恶莫甚于死者，则凡可以辟患者，何不为也？由是则生而有不用也，由是则可以辟患而有不为也。是故所欲有甚于生者，所恶有甚于死者。非独贤者有是心也，人皆有之，贤者能勿丧耳。』

——《孟子·告子上》

释义

孟子说："鱼是我想要的，熊掌也是我想要的。如果这两种东西不能同时得到，那么我宁愿舍弃鱼而选取熊掌。生命是我想要的，道义也是我想要的，如果这两样东西不能同时得到，那么我宁愿牺牲生命而选取道义。生命是我想要的，但我想要的还有胜过生命的，所以我不做苟且偷生的事；死亡是我厌恶的，但我厌恶的还有超过死亡的事，所以我不惧灾祸。如果人们想要的东西没有超过生命的，那么只要是能够保全生命的方法，又有什么是不可采用的呢？如果人们厌恶的事情没有超过死亡的，那么只要能够逃避灾祸，又有什么事干不出来呢？采用某种方法就能够活命，可是有的人却不肯采用；采用某种办法就能够躲避灾祸，可是有的人却不肯采用。由此可见，他们所喜爱的有比生命更宝贵的东西；他们所厌恶的，有比死亡更严重的事。不仅贤人有这种思想，人人都有，只不过贤人能够坚守罢了。"

解读

这段话阐述了孟子舍生取义的思想。孟子用日常生活中的具体事情作比喻，来说明舍生取义的重要意义。他说："鱼是我想要的，熊掌也是我想要的，如果这两种东西不能同时得到，那么我宁愿舍弃鱼而选取熊掌。"由此，他引申说，生命是他想要的，道义也是他想要的，当两者需要选其一时，他宁愿舍弃生命而坚守道义。孟子把生命比作鱼，把道义比作熊掌，他就像认为熊掌比鱼更珍贵一样，认为道义比生命更珍贵。因此，我们必须舍生而取义。在人们的道德实践中，有时会遇到这样的两难情况：坚持道德原则与保住生命，只能取一样。这种极端情况往往最能考验一个人的道德情怀。孟子认为：生命是我珍爱的，但比生命更为我所珍爱的是道义，所以不能做苟且偷生的事；死亡虽然是我所厌恶的，但比死亡更为我所厌恶的是不义，所以有时为了维护道义即使面对死亡的祸害我也不愿躲避。孟子这里反复论证，强调道义，并不是不重视生命。珍爱生命出于本能，用各种方法来生存是自然而然的事情，厌恶死亡也出于本能，用各种方法避免祸患、死亡，也是理所应当的事情。但人还有比生命更值得追求的事，即道义。人之所以为人，是因为人能超越动物的本能，人能舍生取义，为追求道德价值而舍去生命。孟子的舍生取义思想，是中华民族的宝贵财富，对我们民族精神的发展产生了重要影响。历史上许多志士仁人面对民族大义、国家大义时，能够舍生取义，甘愿流血牺牲，甘愿舍弃小我，对国家和民族作出了贡献。今天，舍生取义思想仍然是社会主义核心价值观的重要内容，无论是从国家层面、社会层面还是个人层面来看待和践行社会主义核心价值观，都需要秉持道义、舍生取义。

尊德乐义，则可以嚣嚣矣。故士穷不失义，达不离道。穷不失义，故士得己焉；达不离道，故民不失望焉。古之人，得志，泽加于民；不得志，修身见于世。穷则独善其身，达则兼善天下。

——《孟子·尽心上》

释义

尊重道德，爱好仁义，就可以悠然自得了。所以君子困顿时不会丧失仁义，显达时不会背离道德。困顿时不丧失仁义，所以君子能坚守自己的本性；显达时不背离道德，所以人民不会对他们失望。古时候的人，得志时把福泽广施于人民，不得志时则修身自戒以立于世间。困顿之时就自我完善，显达之时则兼善天下。

解读

孟子阐述了古代君子应有的为人处世之道，即尊德乐义，始终保持向上向善、积极进取的人生态度；不得志时，要加强修养学习，不断提高自己；得志之时，要胸怀天下，把自己的聪明才智用于造福苍生。“穷则独善其身，达则兼善天下”表现了君子严于律己、以天下苍生为怀的博大胸襟，值得我们学习和继承。人活在世界上，既有春风得意之时，也难免会有黯然失意之时，拥有“穷则独善其身，达则兼善天下”的博大胸襟，才能做到穷达不变、荣辱不惊，始终尊德乐义，穷不失志，达则济民。

第二章　能近取譬，可谓仁之方也已

“能近取譬，可谓仁之方也已”是儒家道德实践的重要方法。两千多年来，儒家道德思想形成了一个完整的体系，既有思想理念、原则范畴、观点主张等理论层面的内容，也有实践方法、行为方式、规范标准等实践层面的内容，既具有很强的理论性，又具有很强的实践性，对中华民族的伦理道德和精神发展产生了持久深刻的影响。仁爱是儒家的核心理念，怎样做到仁爱呢？孔子认为，方法就是“能近取譬”，或者说“推己及人”。具体来说，就是要做到“己欲立而立人，己欲达而达人”“己所不欲，勿施于人”，就是从自己出发推及别人，自己希望怎样生活，就想到别人也会希望这样生活；自己不愿意别人怎样对待自己，就不要那样对待别人；自己希望在社会上能通达自立，就要帮助别人通达自立。“推己及人”思想在中国民间有着非常广泛和深厚的基础，人们常说的“将心比心”“设身处地”“凡事为别人想一想”，就是这个意思。这种“推己及人”的道德要求，是中国人处理人际关系的基本准则，体现了中国传统的忠恕文化：待人宽宏大量，处事胸怀宽广，品性仁慈善良，为人宽厚公平。我们今天培育和践行社会主义核心价值观，进行社会主义道德实践，也要发扬古人“能近取譬”“推己及人”的精神，大力倡导从我做起、从具体事情做起，一步一步地推进社会主义核心价值观和社会主义道德建设。

本章从“己欲立而立人”“以爱己之心爱人则尽仁”“爱人不亲反其仁”“夫子之道，忠恕而已矣”等观点出发，介绍了“推己及人”的思想，包括其原则标准和境界。

第一节 己欲立而立人

仲弓问仁。子曰：『出门如见大宾，使民如承大祭。己所不欲，勿施于人。在邦无怨，在家无怨。』

——《论语·颜渊》

释义

仲弓问什么是仁。孔子说："出门如同去会见贵宾般庄重有礼，役使百姓如同举行重大祭祀般严肃用心。如果是自己不想要的东西，就不要强加到别人身上。在诸侯国做事，无人抱怨你；在卿大夫家做事，也无人抱怨你。"

解读

“己所不欲，勿施于人”是儒家忠恕之道的核心观点，是处理人际关系的基本准则，也是君子道德的重要内容。这个核心观点在中国人心中有着根深蒂固的影响，无论是对统治者而言，还是对一般百姓而言都很重要。对统治者来说，要做到这一点就不能过分向百姓索取，要设身处地地替百姓着想，不能过分压迫以致他们不能忍受而起来反抗；对百姓而言，要做到这一点就要设身处地地替别人着想，不能只顾自己而相互争夺，以致破坏相互之间的关系，导致社会不和谐。这个思想还表现在中国人处理国与国之间的关系上。我们在对外关系中，总是强调以和为贵，尊重各国、各民族的意愿和选择，不干涉别国内政，提倡相互理解和包容，要将心比心，富于同情心。这是中国外交软实力的重要内容。在今天的道德建设中，“己所不欲，勿施于人”仍然是重要的道德原则，既然自己不喜欢被骗，就不要去欺骗别人；既然自己不喜欢不讲诚信，就不能缺失诚信；既然自己不喜欢被别人损害，就不要损人利己；既然自己不喜欢污染的环境，就不要放弃自己保护环境的责任……总之，不要去参与助长那些不好的东西，而要为清除这些不好的东西作出自己的努力。

孟子曰：『尽其心者，知其性也。知其性，则知天矣。存其心，养其性，所以事天也。殀寿不贰，修身以俟之，所以立命也。』

——《孟子·尽心上》

释义

孟子说：“充分发挥了善心的人，就会懂得人的本性。懂得了人的本性，就会懂得天命。保持善良之心，培养人的本性，这就是对待天命的方法。不论生命长短都心志不移，一心一意修身养性以待终结，这就是安身立命的方法。”

解读

孟子在这里从“知天”“事天”和“立命”出发，阐发了性善论。“天”和“命”是中国古代哲学思想的两个基本范畴。孔子说过：“获罪于天，无所祷也。”“不知命，无以为君子也。”孟子把“天”“命”与人性善联系起来，目的是为性善论找到一个根本的理论支撑。清代学者戴震在《孟子字义疏证》中说，“性之欲，其自然之符；性之德，其归于必然也”，“知其自然，斯通乎天地之化；知其必然，斯通乎天地之德。故曰‘知其性，则知天矣’”。由此可见，把性善论与“知天”“事天”和“立命”联系起来，就为性善论找到了道义上的终极支撑，在理论上有了更加坚实的基础。孟子认为人的天性是善良的，只是被后天不善的东西蒙蔽，才失去善性。道德修养就是要启发人的善良本性，使之更加自觉地践行仁义。孟子的性善论虽然具有主观唯心主义的色彩，但强调自我修养，以自我修养祛除不好的思想和习惯，培养好的思想和习惯，无论古今中外，这都是人们提升道德修养的基本方法，在今天对于我们提升道德修养和推动道德实践仍然具有重要现实意义。

第二节 以爱己之心爱人则尽仁

孔子曰："以富贵为人下者，何人不与？以富贵敬爱人者，何人不亲？"

——〔西汉〕刘向《说苑·杂言》

释义

孔子说："一个富裕尊贵的人能降低身份与他人相处，还有什么人不愿意与他交朋友呢？一个富裕尊贵的人能尊敬和爱护他人，还有什么人不愿意亲近他呢？"

解读

人们追求富贵合乎情理，那么富贵以后怎么办，怎样才能当好一个“富贵人”呢？孔子提出“富而有礼”和“贵不慊于上”，就是讲这方面的道理。他认为，富贵的人要富而不傲，贵而不骄，能屈居人下，能够尊敬人、爱护人，这样才不会遭人们厌恶和疏远，才会得到人们的亲近和尊重。中国改革开放四十多年来，一些人经过自己的奋斗，又赶上了好时代，很快富裕起来了。今天中国的有钱人越来越多了，但与此同时，社会上也出现了一种仇富心理。这当然有比较复杂的社会历史原因，但反过来看，一些人因富而骄，因富而傲，目空一切，骄奢淫逸，张扬挥霍，铺张浪费，不能不说这是激化仇富心理的一个原因。富有本来是好事，但如果富而不仁，甚至为富不仁，就会走向反面。实际上，古今中外许多富有的人，富起来后并没有忘本，能以自己的财富回报社会，做低调谨慎、造福一方的人。

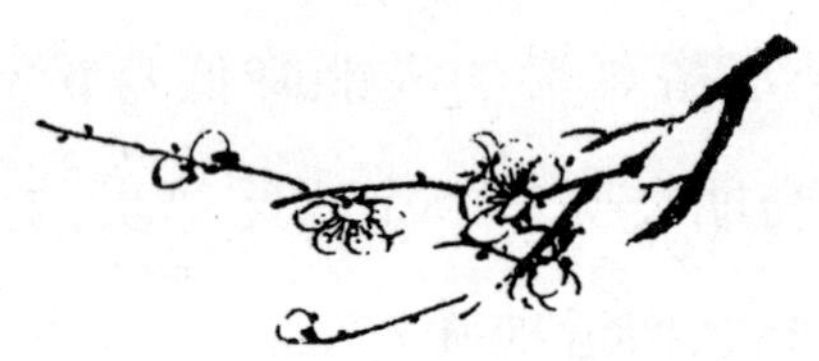

以责人之心责己则尽道，所谓『君子之道四，丘未能一焉』者也；以爱己之心爱人则尽仁，所谓『施诸己而不愿，亦勿施于人』者也；以众人望人则易从，所谓『以人治人，改而止』者也。此君子所以责己、责人、爱人之三术也。

——〔北宋〕张载《正蒙·中正篇》

释义

用要求别人的心态来要求自己，就达到了道的高度，这就是孔子所讲的“君子的道有四项，可我孔丘连其中的一项也没有做到”；用爱护自己那样的心去爱护他人，就达到了仁的高度，这就是孔子所讲的“对自己来说都不愿做的事情，就不要用它去要求他人了”；如果以众人的做人准则去要求一个人，那么他就应该能够顺从，这就是孔子所讲的“君子以做人的准则要求他人，直至其改正为止”。这些就是君子用以要求自己、要求他人、关爱别人的三条原则。

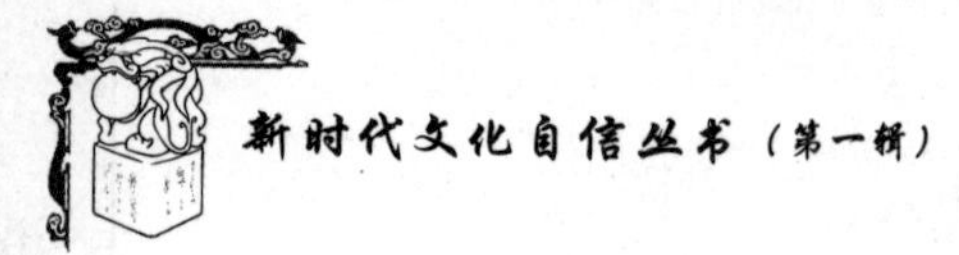

解读

张载是宋初大儒，提出过许多重要思想。这段话是他对孔子关于君子责己、责人、爱人三个基本原则的归纳概括，特别是他提出的“以责人之心责己”“以爱己之心爱人”，说得非常经典，点出了儒家道德思想最关键的内容，也是人类道德修养的至高境界、中国古代君子遵循的道德准则。道德是处理人际关系的行为准则，道德问题重要的就是如何对待自己、如何对待别人。人们通常容易原谅自己，对自己的过错总是宽容，如果用这样的态度去宽容、原谅别人，那就对了。同样，人们往往对别人的缺点看得比较清楚，对别人总是要求严格，如果用这样的态度来对待自己，看清自己的缺点并改正，那就对了。我们提升道德修养，就要秉持这样一种对人务求其宽、对己必求其严的态度，才能不断提高我们的道德境界。

第三节 爱人不亲反其仁

孟子曰：『爱人不亲反其仁，治人不治反其智，礼人不答反其敬。行有不得者，皆反求诸己，其身正而天下归之。』

——《孟子·离娄上》

释义

孟子说："爱护别人而别人不亲近你，应该反问自己的仁爱之心是不是真诚；管理别人而别人不服管理，应该反问自己的智慧才能是不是足够；礼貌地对待别人而别人不予回应，应该反问自己的态度是不是恭敬。自己的行为达不到预期效果，就要反省自己，如果自己真正做得好，天下的人心就会归服。"

解读

孟子讲的“反求诸己”，是自我修养中国传统道德的重要方法。在现实生活中，人们往往从自己的角度去看问题，只看到别人的不是，看不到自己的不足，认为自己已经付出了许多爱，别人为什么不感谢、不亲近？自己是领导，部下为什么不服自己的管理？自己彬彬有礼，待人和气，为什么其他人没有礼貌地对待自己？为此心有抱怨，怀疑践行仁义不值得。孟子认为，自己的行为没有得到对方的回应，首先应该反躬自省，好好检查自己：自己的仁爱之心是否真诚，自己的智慧才能是否足够，自己的态度是否恭敬。通过别人的态度，我们可以看到自己的不足和差距，进而积极地加以改进，不断进步，最终得到别人的认可。反求诸己、反躬自省、自查自纠，至今仍然是我们克服缺点、纠正错误、提升道德修养、提高自己精神境界的重要方法。

海不辞水，故能成其大；山不辞土石，故能成其高；明主不厌人，故能成其众；士不厌学，故能成其圣。

——《管子·形势解》

释义

大海不拒大小河流，所以能够广阔无边；高山不拒大小泥土石块，所以能够高耸入云；英明君主不厌弃各色人等，所以能够得到众人的拥戴；士人不怕艰苦学习，所以能够成为圣贤之人。

解读

大海之所以广阔，高山之所以巍峨，是因为它们不拒溪流、不辞土石。管子以海不辞水、山不辞土石为喻，推而及人，倡导人要有广阔的胸怀，包容各种各样的人，听取各种意见，兼收各种知识，这样可以博采众长，使自己更加强大。这是人们提升道德修养和品格修养最基本的方法。道德家有了这样的胸怀，可以成贤成圣；学问家有了这样的胸怀，可以成大师；为政者有了这样的胸怀，国家可以兴旺发达；人民有了这样的胸怀，人与人之间的关系可以融洽和睦。管子的这段话，对于我们进行社会主义核心价值观建设，以及提升个人的道德修养都有很重要的启示意义。社会主义核心价值观建设要从当下做起，从一点一滴做起，从具体事情做起；个人的道德修养，也要从当下做起，从小事做起，从日常做起，集腋成裘，聚水成海，积石成山。

第四节 夫子之道，忠恕而已矣

君子贵人而贱己，先人而后己，则民作让。

——《礼记·坊记》

释义

君子应该尊敬别人，把自己放在低下的位置，有利益的事，先考虑别人后考虑自己，这样一来，在人民当中一定会形成谦让的风气。

解读

“君子贵人而贱己，先人而后己”，是孔子“以富贵为人下”思想的发挥，也是忠恕思想的体现和要求。孔子认为，君子要泛爱众，行忠恕之道，尊敬别人，先人后己，只有这样，谦让有礼、先人后己的风气才会在社会上推广。在今天的现实生活中，我们经常看到有些人毫无谦让有礼之心，更无先人后己之意，为一点小事争得一塌糊涂，甚至打得头破血流，这与中国人的道德传统背道而驰。我们应该在道德实践中大力宣传和弘扬忠恕之道，倡导谦谦有礼的君子之风和先人后己的高尚品格，发扬中华民族的传统美德。

子贡问曰：『有一言而可以终身行之者乎？』子曰：『其恕乎！己所不欲，勿施于人。』

——《论语·卫灵公》

释义

子贡问孔子：“有一句话是可以终身奉行的吗？”孔子回答说：“那就是忠恕吧！如果是自己不想要的东西，就不要强加到别人身上。”

解读

孔子在回答子贡的这段话中，把儒家的核心思想概括为“恕”，即忠恕。忠恕是孔子仁学思想体系的重要组成部分，也是儒家伦理思想的精髓，同时它又是儒家践行仁道的基本方法和行为原则。儒家认为，尧舜的行仁，就是终身行恕道；能够努力行恕道，就是学者的行仁；自然而然地行恕道，就是圣人的行仁；能够行恕道的人就达到了仁的境界。在社会中，由于人们所处的社会地位以及生活方式不同，人与人之间存在着明显的差异，处理人与人之间的关系，最要紧的是忠恕，忠恕的要义就是“己所不欲，勿施于人”。要推己及人，以诚敬的心，按道德原则办事，善待他人，严于律己，凡事从我做起。

用国者，得百姓之力者富，得百姓之死者强，得百姓之誉者荣。三得者具而天下归之，三得者亡而天下去之。天下归之之谓王，天下去之之谓亡。汤、武者，循其道，行其义，兴天下同利，除天下同害，天下归之。故厚德音以先之，明礼义以道之，致忠信以爱之，尚贤使能以次之，爵服赏庆以申重之，时其事、轻其任以调齐之，潢然兼覆之，养长之，如保赤子。生民则致宽，使民则綦理，辩政令制度，所以接天下之人百姓，有非理者如豪末，则虽孤独鳏寡必不加焉。是故百姓贵之如帝，亲之如父母，为之出死断亡而愉者，无它故焉，道德诚明，利泽诚厚也。

——《荀子·王霸》

释义

治理国家的人，能使人民尽力劳作的就会富足，能使人民拼死打仗的就会强盛，能使人民由衷赞扬的就有名望。这三方面都做到了天下就会归附他，这三方面都丢失了天下就会抛弃他。天下归附他他就可以称王，天下抛弃他他就会灭亡。商汤、周武遵循正道，行使仁义，兴办对天下有利的事，铲除对天下有害的事，天下就归顺他们。所以，重视道德声望来引领人民，明确礼仪来教导人民，恪守忠信来爱护人民，推崇贤德之人，任用有才能的人，给他们安排不同的职位，用不同的官爵服饰和奖赏来激励他们，按时节安排事情并减轻人民的负担来调整平衡，全面地保护人民，抚养他们就像保护初生的婴儿一样。养育人民很宽厚，役使民力很合理，制定政令制度，能够联系人民，有不合理的地方即使是毫末之微，也不会强加到哪怕是孤独鳏寡这样的人身上。所以，人民尊重他就像尊重天帝一样，亲近他就如同亲近父母，为他出生入死也心甘情愿，这没有别的原因，就是因为他的道德实在澄明，恩惠实在深厚。

解读

仁爱思想、忠恕之道，体现在政治实践上，就是要做到以民为本。中华文化历来重视以民为本，很早就提出了“得民者兴，失民者亡”的观点和“民惟邦本，本固邦宁”的思想。战国末期的孟子和荀子，对这方面的论述最为突出。如孟子说过“得天下有道，得其民，斯得天下矣”，他还说，“民为贵，社稷次之，君为轻”。荀子则将民与君比喻成水与舟的关系，他说，“君者，舟也；庶人者，水也。水则载舟，水则覆舟”，所以，“爱民者强，不爱民者弱”。他对如何“用国”进行了更深入的总结：“得百姓之力者富，得百姓之死者强，得百姓之誉者荣。三得者具而天下归之，三得者亡而天下去之。”孟子和荀子的这些思想，对后世产生了持久深刻的影响。特别是孟子提出的仁政王道思想，成为中国古代政治家追求的目标。孟子继承和发展了孔子的德治思想，提出了以仁政为内容的王道政治学说。孟子主张，统治者应该像父母一样关心人民的疾苦，人民应该像对待父母一样去亲近、服侍统治者。如果统治者实行仁政，就可以得到人民的衷心拥护；反之，如果不顾人民死活，推行虐政，将会失去民心而变成独夫民贼，被人民推翻。仁政王道思想的具体内容很广泛，包括经济、政治、教育以及统一天下的途径等，贯穿其中的就是以民为本、仁民爱众、忠恕之道。

第三章　为仁由己，而由人乎哉

“为仁由己”是孔子提出的道德修养论。这种道德修养论充分重视个体在道德修养上的自主性和能动性，强调“为仁”的关键要靠个人的自主意向，要发挥个人内在的自主精神，“为仁”的动力来自个人的自觉，“为仁”的成效来自个人的努力。儒家认为，“为仁”是由人的内在需求决定的，君子在“推己及人”“能近取譬”等的换位思考过程中，通过个人与他人及外物的情感转换和理性反思，使个人内在的仁的精神自主地外显出来。“为仁”过程中最大的障碍或者说最大的敌人，是人自己的生存和生理需求与道德实践之间的矛盾，即所谓人欲对“仁德”“天理”的侵蚀和污染。人欲在本源上与动物的本能需求是一样的，但经过社会文化的洗礼，被打上了人类社会的烙印，成为受人伦道德制约的社会需求。然而，无论社会道德怎样制约，这种需求却是具体的、现实的，是个体的人必须得到满足的，如果不能得到满足，就会出现严重的社会问题。所以，“为仁”是一个很高的人格理想和道德要求，必须不断清除自己的杂念私欲，不断向更高境界的仁升华才能达到。从这个意义上说，“为仁由己”也是道德内化的自主要求和自觉选择。这就告诉我们，在道德教育和道德实践中，要关注人的自主作用，把人作为独立主体看待；要注重从个体的具体事情做起，向更高的道德水准升华，迈向仁的更高境界。

本章从“我欲仁，斯仁至矣”“能行五者于天下，为仁矣”“仁者自爱”“仁者必有勇”等方面，介绍和阐明儒家“为仁由己”的思想。

第一节 我欲仁，斯仁至矣

子曰：『仁远乎哉？我欲仁，斯仁至矣。』

——《论语·述而》

释义

孔子说：“仁德离我们远吗？我想要践行仁德，就可以做到。”

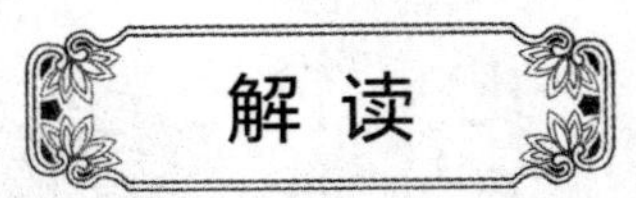

解读

孔子认为，仁德是人的天生本性，人要想达到仁德全靠自己的自觉和努力，不能依靠外部的力量。“我欲仁，斯仁至矣”，核心体现在“欲”字上，自己致力于仁，才能达到仁德的境界。修养自身、自我约束，是做到仁德的基础和条件。发挥个人在道德修养中的主观能动性，是中国传统道德理论的一个重要观点，具有重要的实践意义。我们今天进行道德建设，也要倡导道德主体的自主自觉，加强修养自身和自我约束，使道德修养过程成为一个自我精神提升过程。

故君子之道，本诸身，征诸庶民，考诸三王而不谬，建诸天地而不悖，质诸鬼神而无疑，百世以俟圣人而不惑。质诸鬼神而无疑，知天也；百世以俟圣人而不惑，知人也。是故君子动而世为天下道，行而世为天下法，言而世为天下则。远之则有望，近之则不厌。诗曰：『在彼无恶，在此无射；庶几夙夜，以永终誉！』君子未有不如此而蚤有誉于天下者也。

——《中庸》

释义

所以君子治理天下之道，应该以自身德行为根本，从百姓那里得到验证，考查是否与夏、商、周三代先王的言行相悖，置于天地之间没有违背自然规律，质证于鬼神没有疑问，等到百世以后圣人再出现也不会对此感到疑惑。质证于鬼神没有疑问，这是懂得了天理；等到百世以后圣人再出现也不会对此感到疑惑，这是知道人意。所以君子的举动能世世代代成为天下的先例，行为能世世代代成为天下的法度，言论能世世代代成为天下的准则。离他远的人怀有仰慕之心，离他近的人毫无厌倦之意。《诗经》说："在那无人怨，在这人不厌；日夜操劳，永保美名！"君子没有不这样做而早年能有美名流传天下的啊。

解读

《中庸》这段话提出了君子治国理政要遵循六个要点：一是从自己的理念和德行出发，不违背自己遵循的做人行事规范；二是听取一般民众的意见，不违背社会大众公意；三是考诸夏、商、周三代的做法，使自己的做法不违背祖训和历史经验；四是考察社会公理和自然规律，不违背公理和规律；五是反省自身，不能对不起良心和三尺之上的神明；六是想想所做的事情，能否经得起后代的诘问和历史的检验，几百年后出来的圣人对此会不会觉得荒谬奇怪。就是说君子做事要对得起自己、对得起天下、对得起祖宗、对得起公理、对得起良心、对得起历史。为此，君子担当着重要的社会责任，其一举一动、一言一行都要避免遭到时人和后人的非议责问，而能够成为后人遵循的法度和准则。做到这些就可以称为一个有道德的人，如果坚持一生就可以美名传天下了。这“六个对得起”，在今天看来，对于我们为人做事仍然有重要的警示和启发意义。特别是负有领导责任的各级领导干部，更应该经常反思，看看自己所做的事，是不是符合做人的原则，是不是符合大多数人的意愿，是不是违背历史经验，是不是遵循社会公理和自然规律，是不是对得起天地良心，是不是经得起历史的检验。

功名大立，天也。为是故，因不慎其人，不可。夫舜遇尧，天也。舜耕于历山，陶于河滨，钓于雷泽，天下说之，秀士从之，人也。夫禹遇舜，天也。禹周于天下，以求贤者，事利黔首，水潦川泽之湛滞壅塞可通者，禹尽为之，人也。夫汤遇桀，武遇纣，天也。汤、武修身积善为义，以忧苦于民，人也。

——《吕氏春秋·慎人》

释义

建立显赫的功名，靠的是天意。因为这个缘故，就不重视人为的努力，是不可以的。舜遇到尧那样贤明的君主，这是天意。舜在历山耕种，在黄河边制作陶器，在雷泽垂钓，天下人都很喜欢他，优秀的人才都愿意跟随他，这是人为努力的结果。禹遇到舜那样贤明的君主，这是天意。禹周游天下，到处寻求有贤德的人，做对百姓有利的事，对那些堵塞淤积的河川湖泽，能够疏通的，禹都尽力疏通，这就是人为的努力。商汤遇到夏桀那样的暴君，武王遇到商纣那样的暴君，这是天意。商汤、武王努力修养自身的德性，积善行义，为民众排忧解难，这就是人为的努力。

解读

上述这段文字论述了这样的观点：建立大功名固然要靠天意，但更重要的还是要靠自己的主观努力。

这里讲的“天意”，实际上更多的是讲偶然性、随机性。舜受到尧的赏识，禹受到舜的赏识，其中有天意，即让舜遇到了尧，让禹遇到了舜，有某种偶然性使然，但更多的是他们人为努力的结果。如果舜没有做那么多好事，在人民中打下根基，尧不会赏识他；如果禹没有周游天下，治理堵塞淤积的河川湖泽，舜也不会把天下传给他。同样商汤取代夏桀，武王取代商纣也不完全是偶然，其中还有某种必然性，就是这两位贤君代表了人民的意愿。即“汤、武修身积善为义，以忧苦于民，人也”。其中“修身积善为义”在道德发展中尤为重要。中国人历来讲究修身积善。老百姓行仁义、做善事，可能讲不出多少道理，但他们知道这是积德，必有“善报”，如果做了不仁的恶事，那是缺德，也一定会有“恶报”。所谓“善有善报，恶有恶报”“积善之家，必有余庆；积不善之家，必有余殃”，大凡善良积德之家，家长不做损人利己之事，而是用仁义礼智信教育后代，培养子孙的良好品德，子孙不会做出悖理之事，当然也不会家败人亡。

善，才是留给子孙后代的最大福泽。反之，如果家长自己有恶习，必定会把不良品德传给后代，子孙中就极有可能出现悖逆孽子，做出有辱祖宗、祸害家门的坏事，以至于累及全家。这样的败家教训历史上有许多。

第二节

能行五者于天下，为仁矣

子张问仁于孔子。孔子曰：『能行五者于天下，为仁矣。』『请问之。』曰：『恭、宽、信、敏、惠。恭则不侮，宽则得众，信则人任焉，敏则有功，惠则足以使人。』

——《论语·阳货》

释义

子张问孔子怎样才能做到仁。孔子说："能够将五种品德施行于天下，就是仁了。"子张说："请问是哪五种？"孔子说："庄重、宽厚、守信、勤敏、慈惠。庄重就不会受侮辱，宽厚就能得到大众的支持，守信就会得到别人的委任，勤敏就会取得成功，慈惠就能够很好地调动人。"

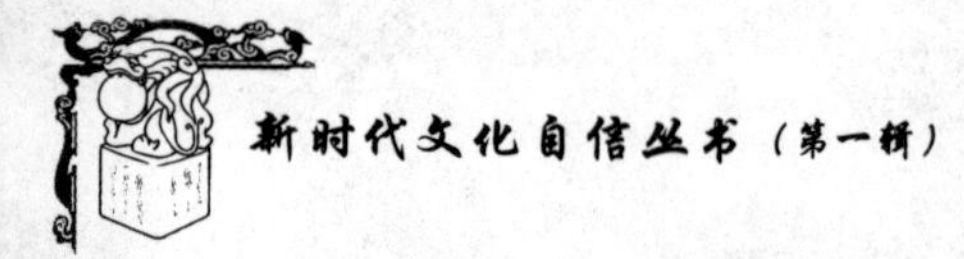

解读

孔子在这里提出了五种美德。这五种美德就是“恭、宽、信、敏、惠”，即庄重、宽厚、守信、勤敏、慈惠。他认为，能够将五种品德施行于天下，便是仁了。这五种美德，今天依然值得我们传承。

举止庄重是受人们尊重的基本条件，一个人如果举止轻浮，无论你多么位高权重，也无法得到别人发自内心的敬重。言行仪表端庄稳重，落落大方，显出独有的气质与风范，别人才不会轻视你。如果行为不得体，轻则会被人认为没修养、没品位，重则会被人认为没文化、没素质。

为人宽厚是与人相处的基本品格。常言说：有容乃大。宽厚待人，别人才容易与你相处，尤其是与你长期相处，甚至可以成为你终身的朋友。

重诺守信是做人的基本准则。所谓“一诺千金”“君子一言，驷马难追”等，都是讲言而有信，否则就没人敢和你打交道。

勤劳敏捷是职业生涯的基本要求。干任何一份工作，都要承担一份责任。有责任，就要有担当，要尽职尽责，勤奋敬业。否则，什么事也干不成。

待人慈惠是调动他人积极性的方法之一，也是对他人关爱的表现之一。慈惠不是用小恩小惠收买人，而是要有人情味，有人文关怀，关心他人的切身利益，营造一个温暖的环境，这样做，他人的积极性自然就高了。

总之，无论是日常生活、工作、交际，还是更大、更深、更广的层面，如果大家都能按“恭、宽、信、敏、惠”来做，就会和谐畅行，工作也会做得更好。

五性者谓何？仁义礼智信也。仁者，不忍也，施生爱人也；义者，宜也，断决得中也；礼者，履也，履道成文也；智者，知也，独见前闻，不惑于事，见微知著也；信者，诚也，专一不移也。故人生而应八卦之体，得五气以为常，仁义礼智信也。

——〔东汉〕班固《白虎通·性情》

释义

人的五种基本品性是什么呢？仁义礼智信。仁，指的是不忍心，要有爱人之心；义，指的是适宜，判决事情不偏不倚；礼，指的是履行，按照道的规定行事并记录下来；智，指的是智慧，只要了解过去的事情，就能不困惑于当前，见到一点儿苗头就能知道它的发展趋势或问题的实质；信，指的是诚实，对事物专一而不游移。因此，人的生命是应合于八卦卦象的，得到五种气以合乎规律，这就是仁义礼智信。

解读

仁、义、礼、智、信这五种品德并称，最初是由汉武帝时的董仲舒提出来的。他说：“夫仁谊礼知信，五常之道。”（“谊”又写作“义”，“知”通“智”）《白虎通·性情》作为官方认可的文献，对于“五常”的进一步阐发，成为对后世有重要影响的权威表述。

“仁义礼智信”即儒家倡导的“三纲五常”中的“五常”，是中华传统文化的核心价值观之一。历代官方和多数学者认为，在五种美德中，仁、义最为重要，尤其是仁，可谓道德之根本。因此，通常把“五常”比喻为人体，仁为头脑，而义、礼、智、信则是肢体。

仁作为一种品德，最初的含义是“爱亲”，即爱自己的亲人。后来由“爱亲”扩展为“泛爱众”，从而突破了宗族范围，上升成为普遍之爱、人类之爱。义的原初意义是“宜”，即合乎道德义理的行为是适宜的，是义的，反之便是不义的。礼，起源于远古的祭祀活动，到孔子时代，集中体现为周礼，即一整套周代流传下来的礼乐制度。孔子强调的礼，并不仅仅指周礼这样一套形式化的制度，而是强调其中精神性的东西。孔子说：“人而不仁，如礼何？”就是说礼应根植于仁，通过礼表现出“仁”的内涵。智，是智慧，不仅仅指聪明，而是一种理性的领悟，是对道德的理解、对本质的认识。因此智也是一种道德境界。信，是信义，诚信。孔子说：“人而无信，不知其可也。”他还说：“民无信不立。”讲信义是人立身的根本，是道德的基础，失信是最大的缺德。

儒家对“仁义礼智信”的概括和阐发，使中国传统道德规范从具体行为中抽象出来，被赋予了人类美德的普遍意义，具有普世性。“五常”的形成和普及，对凝聚民族精神、维系民族文化起到了重要作用。在中国历史发展的长河中，中华民族既经历过辉煌也历经了磨难，但无论经历怎样的辉煌和磨难，“仁义礼智信”始终是中国人坚守的信条，也是中华民族自信心、凝聚力和感召力的源泉。

今天，我们要把“仁义礼智信”作为宝贵的思想资源，继承精华，剔除糟粕，结合今天的实践加以创新发展，使之与社会主义核心价值观相适应。

第三节 仁者自爱

知人者智，自知者明。胜人者有力，自胜者强。知足者富，强行者有志，不失其所者久，死而不亡者寿。

——《老子·第三十三章》

释义

能了解他人的人是有智慧的，能了解自己的人才算高明。能战胜别人的人是有力量的，能战胜自己的人更加强大。知道满足的人富有，坚持不懈的人有志向，不丧失本分的人能活得长久，身虽死而道犹存的人，才算真正长寿。

解读

这段话主要讲人应当怎样认识自己。老子是中国古代的辩证法大师，对事物的看法入木三分。上述老子的话，可以说句句都是名言，知人、知己，胜人、胜己，知足、强行、不失其所、死而不亡等，都是人应该努力达到的境界。中国有一句老话，叫作“人贵有自知之明”。这句话源于老子的“自知者明”，意思是说，能够清醒认识自己的人，才是聪明的人。在老子看来，“知人”“胜人”十分重要，但是“知己”“胜己”更加重要。他认为，一个人如果能正视自己，克服自己的不足，以坚定的意志追求自己的信念，就能够保持旺盛的生命力。这段话中较有争议的是最后那句“死而不亡者寿”。有论者认为这是宣扬唯心主义的“有鬼论”，也有论者认为，人通过磨砺精神和修养道德，可以提升多方面的精神品格和素质，这些积极的精神成果具有永恒性，人的身体虽然消失了，但这些精神性的东西是不朽的，在这个意义上当然可以算作不亡而长寿了。当然，在道家的思想中，主观唯心主义的避世遁世思想是有消极作用的。我们学习道家思想要从积极方面来理解，吸取其朴素辩证法的思想精华，剔除其唯心主义的成分。

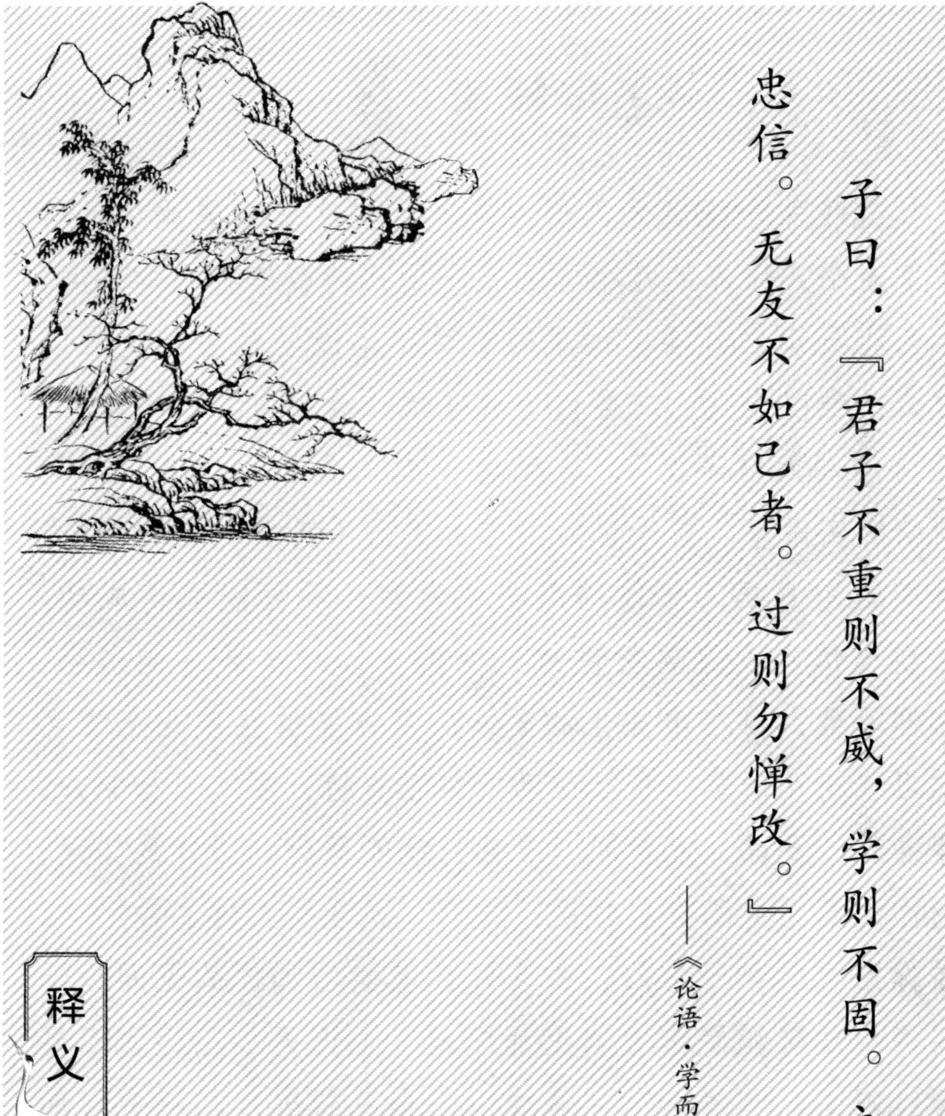

子曰："君子不重则不威，学则不固。主忠信。无友不如己者。过则勿惮改。"

——《论语·学而》

释义

孔子说："君子不庄重就没有威严，读书所学就不巩固。君子要以忠诚信义立身。不和与自己不同道的人交朋友。有了过错，就不要害怕去改正。"

解读

孔子非常强调个人道德修养，在这段话中他又提出了儒者个人修养的几个方面。一要抱持敦厚持重的态度，学习上要沉静扎实，如果轻浮草率，浅尝辄止，就难以立威，难以服众。二要以忠诚守信作为安身立命之根本，因为“人无信不立”，人无忠不成。这里的“忠”就是踏踏实实做事，曾子说的“与人谋而不忠乎”里的“忠”就是这个意思。不能踏踏实实做事，不可能取得成功。三要谨慎交友，要交讲道义的朋友，双方要志同道合、信仰一致；要交事业上的朋友，双方能够在事业上相互学习、相互借鉴、相互帮助、相互支持；要交人生挚友，即友直、友谅、友多闻。友直，就能及时纠正你的错误，使你的人生道路少犯错误；友谅，就能关心你、鼓励你，在你困难时给予信心；友多闻，就能增加你的见闻，开阔你的视野，使你心胸更加广阔、见识更加深远。四要闻过则喜，有错必改，这样人才会不断进步。一个人如果知错不改，有错慢改，错误就会越积越大，乃至偏离正确的方向，无可挽回。总之，要勇于改正错误，不断提高能力和水平，如此个人修养才能日益提高。

第四节 仁者必有勇

子曰："有德者必有言，有言者不必有德。仁者必有勇，勇者不必有仁。"

——《论语·宪问》

释义

孔子说："有仁德的人一定会留下自己关于仁德的言论，夸夸其谈讲仁德的人不一定有仁德。有仁德的人一定勇敢，勇敢的人不一定有仁德。"

解读

仁、智、勇是儒家讲的“三达德”，其中的勇不是逞勇斗狠之勇，而是与仁、义相联系的仁勇和义勇，是大勇。苏轼曾经写下《留侯论》一文，对什么是大勇作了论述：“古之所谓豪杰之士者，必有过人之节。人情有所不能忍者，匹夫见辱，拔剑而起，挺身而斗，此不足为勇也。天下有大勇者，卒然临之而不惊，无故加之而不怒，此其所挟持者甚大，而其志甚远也。”留侯张良年轻时就抱定除暴秦以安天下之志，忍人之所不能忍，辅佐汉高祖刘邦夺得天下，最后功成身退。他可以称得上是一个有大勇的人。仁德之人“泛爱众”，有社会担当，有历史责任感，所持者甚大，其志甚远，所以必定不畏困难、风险和强暴，有大智大勇。相反，为一点鸡毛蒜皮的小事就拳脚相向、大打出手，甚至无事生非、寻衅闹事、逞勇斗狠的人，绝非有勇，最多也不过是匹夫之勇。勇敢，本来是好品质，但如果脱离了仁德，就难免会成为缺点。

所谓君子者，言必忠信而心不怨，仁义在身而色无伐，思虑通明而辞不专。笃行信道，自强不息。油然若将可越，而终不可及者。此则君子也。

——《孔子家语·五仪解》

释义

所谓君子，说话一定忠信而内心没有怨恨，身有仁义的美德而没有自夸的表情，考虑问题明智通达而话语委婉。始终遵循仁义之道，自强不息地努力实现自己的理想。他那从容的样子好像很容易超越，但意图超越者终不能达到他那样的境界。这样的人就是君子。

解读

君子是儒家思想中一个很重要的概念，但没有人给君子下过严格的定义。有人认为，上述这段话可以看作孔子对君子的界定之一。

孔子虽然没有给君子下过严格的定义，但从多方面作出了界定，划出了一道道君子与小人的分界线。比如“君子成人之美，不成人之恶，小人反是”“君子坦荡荡，小人长戚戚”“君子求诸己，小人求诸人”“君子周而不比，小人比而不周”“君子和而不同，小人同而不和”“君子喻于义，小人喻于利”“君子怀德，小人怀土；君子怀刑，小人怀惠”等。

在孔子心目中，君子是人格化的仁，我们可以无限接近于一个真正的君子，但“油然若将可越，而终不可及”。因为，现实中每个人都有缺点，都不尽完美。真君子是一个人格完美的人，他不仅是一个好人，还应该是伟大和高尚的人，他始终遵循仁义之道，具备仁、智、勇“三达德”和“恭、宽、信、敏、惠”五种品格，胸怀天下，奋发有为，对自己要求更严格，对别人很厚道，凡事都能够设身处地地替别人着想，不怨天，不尤人，勇于任事，敢于担当。

人们之所以要做君子，说到底，就是要追求高尚的品德，追求内心的完美，做一个人格完美、品德高尚的人。而要达到这样的境界，需要我们穷尽一生来追求，终身按照君子标准要求自己。努力做个君子，这就为我们的道德修养指出了方向，即沿着仁义之道，朝着君子的方向，自强不息地终身奋斗。

第四章 孝悌也者，其为仁之本与

孝悌为仁之本，这是儒家的重要思想。孝悌之道在儒学思想体系中居于基础位置。孔子从孝悌的自然亲情出发，用“推己及人”的方法，将其扩展为“泛爱众”的道德理性，最后上达天道，完成了儒学道德的形而上学构建。孝悌是中国传统道德中最基本的道德，几千年来，中国人从理论到实践，从信仰到生活，从文化到政治，对孝悌的推崇无以复加。在中国民间，人们常说“百善孝为先”“求忠臣必于孝子之门”，这是对孝悌价值观最朴素也最崇高的评价。孝悌作为仁的根本，是天经地义、无所不包的，上至宇宙间的“道”，下至人世间的“义”，都以孝悌为基础，概莫能外。君子当务本，本立而道生，把握了孝悌就把握了仁学的根本原理，也就把握了做人的根本法则。孝悌是修身的起点，一个人在家里孝顺父母、尊敬兄长，就做好了修身立德的基本功夫，就很少会犯上；孝悌是齐家治国的基础，在家里不犯上，出去为官做事就不会作乱，就具备了治国良臣的基本条件；孝悌是平天下的前提，按照孝悌的原则做一个好官，为天下苍生谋福祉，天下人就会心向往之，从而进一步达到天下太平的终极目标。

因此，仁之起点、仁之根本、仁之基础、仁之前提在孝悌，离开孝悌就没有做人的基本资格，遑论其他！对孝悌的尊崇，与中国人对生命的来源、人生意义的认识和理解有着密切关系。中国人认为人的生命来自父母，对父母的尊重就是对生命的尊重、对天地的敬畏。父母生我们、养我们、教我们、庇护我们、关爱我们，我们作为人，最根本的是要知恩报恩，报生命给予之恩，报幼时抚育之恩，报终身关爱之恩，必须孝顺父母；兄长是我们的血缘同胞，同根同源，爱我护我，扶我助我，必须尊敬兄长。因此孝顺父母和尊敬兄长是道德最基本的要求，是仁的根本，也是仁发展的起点。

本章从“孝悌之道，天经地义”“孝子之至，莫大乎尊亲”“以孝事君则忠”“故当不义，则争之”四个方面，多角度介绍了中国传统文化中的孝悌思想。

第一节 孝悌之道，天经地义

孩提之童无不知爱其亲者，及其长也，无不知敬其兄也。亲亲，仁也；敬长，义也。无他，达之天下也。

——《孟子·尽心上》

释义

幼小的孩童没有不知道爱其父母的，等他长大了，没有不知道尊敬其兄长的。亲爱父母，就是仁；尊敬兄长，就是义。没有什么别的原因，因为这两种品德可以通达于天下。

解读

这段话里，孟子从孝悌的角度界定了仁、义，论证了仁义具有普遍性和根本性。他认为，仁是亲亲的扩大，义是敬长的扩大。在儒家看来，仁爱是“推己及人”，即把亲爱亲人之心一层层向外推，以至广众。因此，一个人如果不亲亲，他就没有仁；如果不敬长，他就没有义。而仁义是人的最高的道德原则，没有仁没有义，就为人所不齿。由此可见，孝悌不仅在中国人的伦理道德中具有根本地位，而且在人的世界观和价值观中也具有根本地位，所谓仁义之道，首先就是孝悌之道。

曾子曰：『甚哉，孝之大也！』子曰：『夫孝，天之经也，地之义也，民之行也。天地之经，而民是则之。则天之明，因地之利，以顺天下。是以其教不肃而成，其政不严而治。先王见教之可以化民也，是故先之以博爱，而民莫遗其亲；陈之于德义，而民兴行；先之以敬让，而民不争；导之以礼乐，而民和睦；示之以好恶，而民知禁。』

——《孝经·三才》

释义

曾子说："太伟大了，孝道是多么博大高深呀！"孔子说："孝道犹如天上日月星辰的运行，地上万物的自然生长，乃是人类最为根本的品行。天地有其自然法则，人民从其法则中领悟到自己要遵循的法则。效法上天那永恒不变的规律，利用大地自然四季的优势，顺乎自然规律以规范天下民众。因此其教化无须严肃训导就可以成功，其政治无须严厉国家就能得到治理。从前的贤明君主看到通过教育可以感化人民，所以他首先做到博爱，人民因此没有敢遗弃父母双亲的；向人民陈述道德、礼义，人民就开始遵行；他又率先以恭敬和谦让垂范于人民，于是人民就不争斗；用礼仪和音乐引导人民，他们就和睦相处；告诉人民什么是值得追求的美的东西，什么是令人厌恶的丑的东西，人民就知道遵从而不犯法了。"

解读

孔子认为孝是天经、地义、人行之事，如同沿着轨道运行的日月星辰，依靠大地生长的世间万物，是不变的规则、永恒的道理。孔子从五个方面提出了推行孝道的方法。一是当政者用博爱作引导，发挥示范作用，人民就会起而效法，不会有遗弃父母的事了。二是陈之于德义，向人民陈说德义之美，人民知道德义的美好，就会心生向往而为之。三是当政者先要做到谦敬礼让，人民被教化了，争斗的事就少了。四是运用礼乐来规范和引导人民，让人民学会用礼来约束自己、用乐来校正行为，人民就和睦相处了。五是告诉人民明辨是非，使他们区别好坏、行禁、善恶，人民就会向善而不趋恶，走正道而不走邪路。数千年来，孔子的孝道思想深入人心，孝的理念渗透到中国文化、历史、习俗的方方面面，产生了深远持久的影响。中国人始终把孝道作为天地之法则、万物之常理来奉行，把推行孝道作为实现社会和谐、天下顺化的重要途径。孔子的这些思想在今天仍然有现实意义。

第二节 孝子之至，莫大乎尊亲

孝子之至，莫大乎尊亲；尊亲之至，莫大乎以天下养。为天子父，尊之至也；以天下养，养之至也。

——《孟子·万章上》

释义

孝子的极致，没有比尊敬双亲更大的；尊敬双亲的极致，没有比以天下来奉养双亲更大的。（瞽瞍）成为天子的父亲，是尊贵的极致；（舜）以整个天下来奉养父母，是奉养的极致。

解读

孟子在继承儒家“养亲”思想的基础上，又提出了“尊亲”的思想，他通过讲瞽瞍和舜的故事，说“孝子之至，莫大乎尊亲”，明确表达了这个思想。对孝子来说，奉养只是孝的基础，要做到孝的极致就要使父母感到尊贵，而最大的尊贵就是“为天子父”，但尊贵中最极致的是“以天下养”。孟子认为，“尊亲”是孝最根本的行为规范，是孝道的最高道德表现。这就是说孝道不仅仅是给父母以良好的生活，还要做到使父母为你骄傲、以你为荣，感到尊贵。儒家的这种孝道观有着推进社会发展的积极意义，能够激励人们积极进取，做出有利于国家、社会、家族的成绩，在中国历史上也确实起到了这种作用。但也有消极作用，如果为了出人头地、为了使父母家门尊贵，不择手段钻营向上爬，那是不可取的。但是，如果努力进取、做出成绩，得到人民、社会和国家的肯定，从而光耀父母和家门，那是值得赞扬和肯定的。我们今天的道德建设要批判地继承中国传统的孝道思想，吸取其积极进步的方面，并赋予其新的时代内涵，使孝道同社会进步、国家发展同向而行。

世俗所谓不孝者五：惰其四支，不顾父母之养，一不孝也；博弈好饮酒，不顾父母之养，二不孝也；好货财，私妻子，不顾父母之养，三不孝也；从耳目之欲，以为父母戮，四不孝也；好勇斗狠，以危父母，五不孝也。

——《孟子·离娄下》

释义

通常所谓不孝的情况有五种：四肢懒惰，不赡养父母，这是第一种；酗酒聚赌，不赡养父母，这是第二种；贪吝钱财，只顾妻子儿女，不赡养父母，这是第三种；纵情声色享乐，使父母感到羞辱，这是第四种；逞强斗狠，连累父母，这是第五种。

解读

孟子根据孔子的“养亲”“敬亲”“爱亲”思想，概括了五种不孝行为。其中，“不养”有三种，或是因为懒惰无力赡养，或是因为好饮、贪赌不顾赡养，或是因为自私贪财不想赡养；“不敬”“不爱”有两种，或是纵情声色行为不端，使父母蒙羞，或是好勇斗狠累及家门，使父母遭祸。孟子概括的这五种行为，两千多年后的今天仍然存在。此外，今天还有一些新的不孝行为。比如，有一种“冷不孝”的情况就不少见。一些子女往往给父母一点钱物，之后就不怎么露面了，很少看望父母，也很少和父母交流，更不愿拿出时间陪伴父母，使父母备感冷落和凄凉。孝顺父母不只是给予父母物质上的享受，更多的还在于精神上的抚慰，因为父母年纪越大，越需要亲情，越在意儿女的陪伴。

人之有道也，饱食、暖衣、逸居而无教，则近于禽兽。圣人有忧之，使契为司徒，教以人伦：父子有亲，君臣有义，夫妇有别，长幼有序，朋友有信。

——《孟子·滕文公上》

释义

人之所以为人，如果只是吃饱、穿暖、安居而不接受教育，就会与禽兽差不多。圣人担忧这种情况，就让契担任司徒，把伦理准则教给人民：父子讲孝顺，君臣讲礼义，夫妇讲内外有别，长幼讲尊卑有序，朋友讲信义。

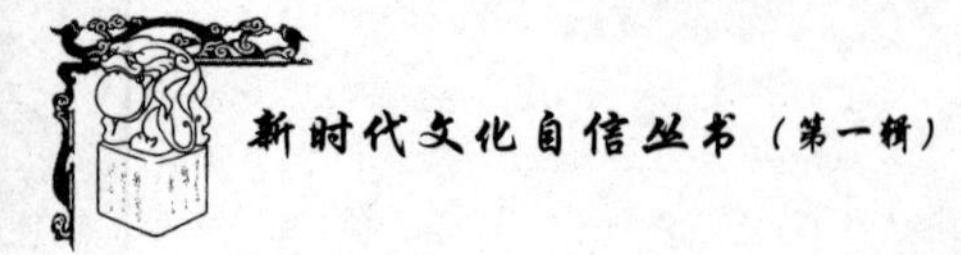

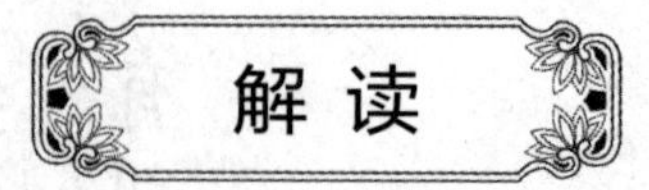

解读

孟子这段话阐明了儒家“先富后教”的政治思想，并提出了作为儒家伦常观念的所谓“五伦”。儒家认为富民是教民的基础，教民是文明的前提。如果只在物质上满足人民而不加以教育，那人跟动物区别就不大。人与动物的区别，就在于人有“五伦”：“父子有亲，君臣有义，夫妇有别，长幼有序，朋友有信。”我们进行社会主义现代化建设，同样不能仅仅满足于经济的繁荣、物质的丰富，应该大力提升公民的道德素养，使物质文明与精神文明互相促进，共同发展。孟子提出的“五伦”，对于我们今天的精神文明建设和道德建设也很有现实意义。我们在工作和生活中，应当坚守“新五伦”：父子有亲，就是要做到父慈子孝；君臣有义，就是要处理好上级与下级之间的关系；夫妇有别，就是要做到夫妻之间互敬互爱、互帮互助；长幼有序，就是要做到兄弟姐妹之间团结友爱；朋友有信，就是要重视友谊、恪守诚信。做到这些，我们的社会关系才会更融洽，整个社会才会更和谐。

第三节 以孝事君则忠

子曰：『君子之事亲孝，故忠可移于君；事兄悌，故顺可移于长；居家理，故治可移于官。是以行成于内，而名立于后世矣。』

——《孝经·广扬名》

释义

孔子说：“君子侍奉父母能尽孝，就可以把对父母的孝心移用到对君主的忠心上；侍奉兄长能尽敬，就可以把对兄长的尊敬移用到时对上司和前辈的恭敬上；在家里能处理好家务，就可以把治理家庭的方法移用到为官治理国家上。因此说，能够在家里尽孝悌之道、治理好家庭的人，其名声也就会显扬于后世了。”

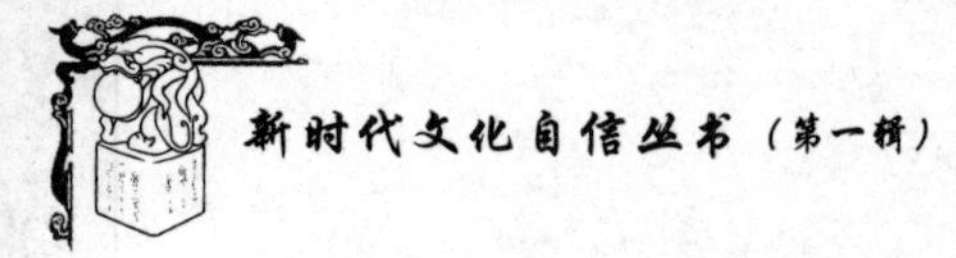

解读

孝道作为儒家伦理道德的基础，是统管其他伦理道德规范的总纲。中国古人很重视孝道，历史上很多贤明的君主都推行以孝治国，很多学者文人写了大量宣扬孝道的文章。当时的社会氛围，要求君子事事以孝为先，不孝顺的人被认为品行不好，对君主和朝廷也不会忠诚。孝被认为是最基本的善，如果连最基本的善都做不到，其他的善就是假的，做得再多再好也没用；如果你做到孝顺了，说明你是一个贤者，你就可以侍奉君主，入朝为官了。今天，我们当然不会宣扬“以孝治国”，但不能否认孝道在国家治理特别是精神文明建设中仍然很重要。孝，是道德的基础。教化人民，使家风醇厚，使民风淳朴，鼓励人们做善人做好人，莫过于倡导孝道。

国将兴，必贵师而重傅，贵师而重傅，则法度存。国将衰，必贱师而轻傅；贱师而轻傅，则人有快，人有快而法度坏。

——《荀子·大略》

释义

国家将要兴盛时，必然会尊敬老师并看重有技能的人；如此，国家的法律就有约束力。国家在走向衰败时，必然会轻贱老师且看不起有技能的人；如此，社会失去了约束力，人人放纵自己的情绪欲望，法律就会成为一纸空文。

解读

尊师在中国有着悠远的历史传统。在《国语》中，作者就将师与君、亲并列，看作是万民之尊。荀子对先秦诸子的尊师思想进行了阐释和深化，最早系统地提出了“天地君亲师”的尊奉序列，把“师”放在突出位置，使之与天地君亲一起成为中国人长期尊崇的对象，促进中国人逐步形成了“敬天法地、孝亲顺长、忠君爱国、尊师重教”的价值取向。他提出“国将兴，必贵师而重傅”“国将衰，必贱师而轻傅”，把国家兴亡与尊师重教联系起来，对中国社会尊师重教风气的形成起到了重要的推进作用。

2014 年第 30 个教师节前夕，习近平总书记在同北京师范大学师生代表座谈讲话时就引用了荀子的这句名言。他说：“自古以来，中华民族就有尊师重教、崇智尚学的优良传统，正所谓‘国将兴，必贵师而重傅；贵师而重傅，则法度存’。在古代，孔子被推崇为‘大成至圣先师’，被誉为‘万世师表’。在中华民族 5000 多年文明发展史上，英雄辈出，大师荟萃，都与一代又一代教师的辛勤耕耘是分不开的。”教师担负着化民成俗、传播文明的重要使命，理应受到人们的崇高礼敬。

当今世界，综合国力竞争日趋激烈，人才越来越成为综合国力竞争的关键因素。培养人才离不开教师，重视人才就必须重视教师。实现“两个一百年”的奋斗目标，实现中华民族伟大复兴中国梦，教育发挥着不可替代的重要作用。广大教师要认清自己肩上担负的历史使命，努力提高我国教育的整体水平，发展具有世界水平的现代教育，为培养更多国家需要的优秀人才作出自己的贡献！

第四节 故当不义，则争之

子曰：“当仁，不让于师。”

——《论语·卫灵公》

释义

孔子说：“当面临仁义之事时应勇于承担，就是老师，也不同他谦让。”

解读

尊师是儒家的基本教义，但儒家认为尊师并不等于无条件地服从。上述孔子的这句话就是说，在真理面前应当服从真理而不是盲从老师。这与古希腊哲学家亚里士多德说的“吾爱吾师，吾更爱真理”有异曲同工之妙。孔子认为教育是追求真理的途径，应当是民主和平等的。他自己就说过：“三人行，必有我师焉；择其善者而从之，其不善者而改之。”如果是追求真理，就不要有顾忌，就没有尊卑高下之分，即使是自己的老师也不要相让。孔子这段话，除了正确的师道观之外，还有更重要的一层意思，那就是：仁是至高无上的！只要是行仁义的事，就要“不让于人”，要自告奋勇，积极上前，敢于担当。“当仁，不让于师”是儒学中非常积极的、具有民主性的思想内容，它弥补了一些理解和解读中片面强调师道、孝道、君道的不足，丰富和完善了儒家思想，中国传统忠孝文化中“从道不从君，从义不从父”的思想，就是由此发展而来的。中国传统道德思想的内涵非常丰富，我们学习中国传统道德思想，用以推进社会主义道德建设，一定要全面地学习和理解，把握其中的思想精华，结合今天的道德实践加以运用和发展。

入孝出悌，人之小行也；上顺下笃，人之中行也；从道不从君，从义不从父，人之大行也。若夫志以礼安，言以类使，则儒道毕矣，虽舜不能加毫末于是矣。

——《荀子·子道》

释义

在家孝敬父母，在外敬爱兄长，这是做人要遵循的最起码的道德准则；对上顺从，对下厚道，这是做人要遵循的中等道德准则；服从正义而不只是顺从君主，服从道义而不只是顺从父亲，这是做人的最高道德准则。如果能根据礼义来安排志向，根据法度来指导自己的言论，那么儒家的仁义之道也就完备了，即使是舜这样贤明的君主也不能在这上面有丝毫的增益了。

解读

这段话的重要价值，就是提出了对于孝也要具体地看、分析地看。人之行孝，有小行、中行、大行。“从道不从君，从义不从父，人之大行也。”这就是说，在忠君之上还有天道，在天道和忠君面前，应该选择天道；在孝亲之上还有正义，在正义和孝亲面前，应该选择正义。孔子提倡忠孝，但并不提倡愚忠愚孝。我们今天应该全面准确地理解忠孝的含义，行孝尽忠，既要讲小行、中行，也要讲大行，就是在大是大非、根本原则的问题上，不可因愚忠愚孝而失去方向，犯下不应有的错误。

曾子曰：『若夫慈爱、恭敬、安亲、扬名，则闻命矣。敢问子从父之令，可谓孝乎？』子曰：『是何言与！是何言与！昔者天子有争臣七人，虽无道，不失其天下；诸侯有争臣五人，虽无道，不失其国；大夫有争臣三人，虽无道，不失其家；士有争友，则身不离于令名；父有争子，则身不陷于不义。故当不义，则子不可以不争于父，臣不可以不争于君。故当不义，则争之。从父之令，又焉得为孝乎！』

——《孝经·谏诤》

释义

曾子说："像慈爱、恭敬、安亲、扬名这些孝道，已经听过夫子的教诲了。我想冒昧地再问一下，做儿子的只要遵从父亲的命令，就可以称为孝顺吗？"孔子说："这是什么话呢！这是什么话呢！从前，天子身边如果有七个直言谏诤的臣子，即使他昏庸无道，也不至于失去天下；诸侯身边如果有五个直言谏诤的臣子，即使他是一个无道之人，也不至于失去自己的王国；卿大夫身边如果有三个直言谏诤的部属，即使他是一个无道臣子，也不至于失去他的家园；士如果有直言劝谏的朋友，自己的好名声就不会丧失；父亲有敢于直言劝谏的儿子，就可以使自己不陷于不义之中。因此，遇到不义之事时，儿子不可以不劝谏父亲，臣子不可以不谏诤君主。所以，遇到不义之事时，一定要直言劝谏。如果只是遵从父亲的命令，又怎么能称得上是孝顺呢！"

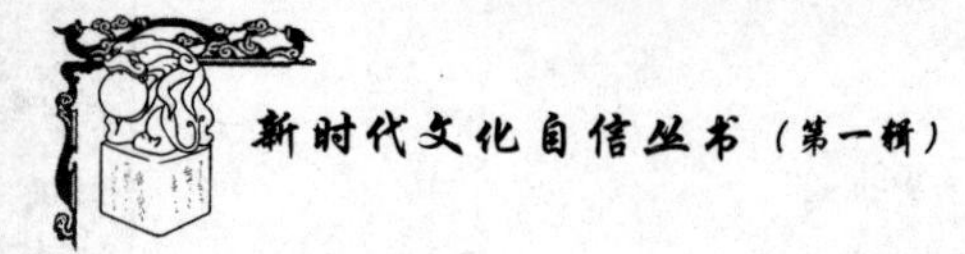

解读

在一些人看来，所谓孝，就是对父母绝对服从，不提一点不同意见，什么事都顺着父母。这是一个误解。孔子认为，孝之上还有义，孝不能违背义。所以，“故当不义则争之”。因为，违背义，一味迎合父母所好，不讲是非、不顾原则，最终将有可能陷父母于不仁不义之中，所谓“阿意曲从，陷亲不义”。儒家认为，父母与子女休戚与共、荣辱相关，当明知父母所为不仁不义之时，一味地顺从父母的意思，必使父母越陷越深，一旦事情败露，必将累及全家。这是子女的大不孝。所以当知道父母做了不当之事时，子女应当陈明利害、婉言劝谏；如果不被理解接受，应该竭力陈词，即使被怨恨也在所不惜。从父母角度看，做父母的如果有明事理、能和自己争论的子女，这是自己的福分，就有了避免陷入“不义”的可能，应该感到庆幸。

第五章 不以仁政，不能平治天下

仁政思想是仁学思想的发展，也是仁学思想体系极为重要的组成部分。孔子曾经提出，为政以德，宽厚待民，施以恩惠，以争取民心的政治方略，即所谓德政。孟子把这个思想扩充发展成为包括治国理政各个方面的政治学说和施政纲领，形成了系统的仁政思想。仁政思想的基本精神是要求统治者对老百姓宽厚仁爱、为政以德。在政治上，仁政的核心是重民，提倡“以民为本”，认为“天视自我民视，天听自我民听”；提出要以不忍人之心厚待民众，减轻人民负担，施以恩惠，以争取民心，甚至提出“民为贵，社稷次之，君为轻”。在经济上，提出制民之产，主张“民有恒产”，让民众有一定的土地使用权，要省刑薄赋等，因为民有恒产方有恒心，才能安定下来，不会造反。在理论上，以性善论为理论基础，以天命论作为哲学依据，开创了尽心知性知天的天人合一的心性哲学。仁政思想与仁学思想是一致的，仁政讲的

“宽厚仁爱”就是仁学讲的“仁者爱人”。孟子把仁的伦理秩序视作政治理想追求的目标，体现了伦理政治化和政治伦理化的特点。仁政思想的出发点，是为了巩固统治阶级的统治，减少被统治者的对立和反抗，所以古代不少的统治者都标榜施仁政，因而它具有一定的欺骗性。但是，仁政思想体现了对人民大众的同情，客观上起到了制约统治者、减轻人民痛苦的作用，因此具有一定的进步意义。仁政思想还强调要重视对人的教育，强调客观环境对人的影响，这些都有积极意义。在中国历史上，许多改革者、革命者都打着仁政的旗号，以推行仁政作为改革或革命的理论依据，因为仁政是反对残暴的当权者的重要思想武器。

本章从“为政以德”“仁民爱众，政事以和”“施仁布德，当仁不让”“国君好仁，天下无敌”等方面，介绍了中国传统文化中的仁政思想。

第一节 为政以德

孟子曰：『离娄之明，公输子之巧，不以规矩，不能成方圆；师旷之聪，不以六律，不能正五音；尧舜之道，不以仁政，不能平治天下。』

——《孟子·离娄上》

释义

孟子说："即使有离娄（相传为黄帝时人，目力极佳）那样好的视力，有公输班（鲁国人，所以又叫鲁班，古代著名的巧匠）那样好的技巧，如果不用圆规和曲尺，也不能准确地画出方形和圆形；即使有师旷（春秋时晋国的乐师，古代极有名的音乐家）那样好的音乐天赋，如果不用六律，也不能校正五音；即使有尧舜的治国方略，如果不实施仁政，也治理不好天下。"

解读

仁政思想是孟子继承和发展孔子德政思想提出来的。孟子认为，当时各诸侯国统治者对人民实行残酷的统治，以苛捐重税和各种劳役压榨人民，违背了儒家倡导的仁爱原则，是一种“虐政”“暴政”，必然会遭到人民的反对。他提出，统治者要“以不忍人之心”“行不忍人之政”，实行较为宽和的政策，向人民推恩，让人民有基本生存的条件，能够活下去，不致于起而造反。他认为，即使是尧舜，如果“不以仁政，不能平治天下”。孟子仁政思想的出发点，主要是为了君主能够保有自己的国家，巩固自己的统治，但其中也有减轻人民的负担，使人民能够多获得一些利益的用意，因而是有进步意义的。在后来的历史实践中，“施仁政”的思想为历代开明的统治者和贤士所推崇，起到了抑制残酷剥削、减轻人民痛苦的正面作用。“施仁政”思想得到推崇，说明即使是封建统治者，要巩固自己的统治，不能完全不顾人民的痛苦，要实行较为宽容的政策，减轻人民的负担，否则就会遭到人民的反对。今天，我们党的根基和血脉在人民，更应该坚守全心全意为人民服务的根本宗旨，把为人民谋福利作为我们一切工作的出发点和落脚点，踏踏实实地为人民群众办实事、解难事、做好事。

所谓天下之至仁者，能合天下之至亲者也；所谓天下之至知者，能用天下之至和者也；所谓天下之至明者，能选天下之至良者也。此三者咸通，然后可以征。是故仁者莫大于爱人，知者莫大于知贤，政者莫大于官贤。有土之君修此三者，则四海之内拱而俟，然后可以征。

——〔西汉〕戴德《大戴礼记·主言》

释义

天下最仁德的人，能够团结天下最亲近的人；天下最智慧的人，能够任用天下最和睦的人；天下最明达的人，能够选拔天下最贤能的人。这三个方面都能通达自如，然后才可以征服天下。所以仁者最重要的就是爱护别人，智者最重要的就是发现和善用贤才，为政者最重要的就是任用有贤能的人。拥有自己疆域的君主如果能做到这三点，就会四海归心，就可以征服天下了。

解读

这段话从国家间相互竞争的道德软实力的高度，阐明仁爱的重要作用。仁爱作为道德规范，不仅对维护社会秩序的稳定具有重要作用，而且对提升国家软实力也具有重要作用。文中提出了决定国家文化软实力的三个根本问题：最高境界的仁爱，最高水平的智慧，最高程度的明智，这是决定国家竞争力、战略实力的三个重要指标，掌握它们并使之相互贯通，就有了征伐天下的力量。仁德的君主并不需要去炫耀武力，如果他能做到爱护百姓、发现和重用贤才、任用贤能管理国家，就一定会四海归心、众星拱之，得到老百姓的拥护，这样就可以征伐天下。古人看到了道德软实力的重要价值，国家的实力不仅仅取决于经济实力和军事实力，还取决于文化道德实力即软实力。所谓“得道多助，失道寡助”，只有广施仁政，内部才有凝聚力，对外才有影响力和感召力，其他国家才会敬服，自己的国家才会强大。一个文明之邦、道德之邦、仁爱之邦、友善之邦，才会让天下归心，才能平治天下。

第二节 仁民爱众，政事以和

天下皆知美之为美，斯恶已；皆知善之为善，斯不善已。故有无之相生，难易相成，长短相较，高下相倾，音声相和，前后相随。是以圣人处无为之事，行不言之教。万物作焉而不辞，生而不有，为而不恃，功而弗居。夫唯弗居，是以弗去。

——《老子·第二章》

释义

天下人都知道美之所以为美，那是由于有丑陋的存在。都知道善之所以为善，那是因为有恶的存在。因此有和无互相转化，难和易互相形成，长和短互相显现，高和下互相充实，音与声互相谐和，前和后互相接随——这是永恒的。所以圣人用无为的观点对待世事，用不言的方式施行教化：听任万物自然兴起而不为其创始，有所施为，但不加自己的倾向，功成业就而不自居。正由于不居功，就无所谓失去。

解读

老子是中国古代的辩证法大师，他的许多言论都蕴含着深刻的哲理。老子主张“无为而治”，强调要善于“处无为”。这里，“处无为”是一种做事方式，并不是不去做事。“处无为”就是要以“不作为”保持自己的选择性和能动性，顺应情势之自然发展，或有所作为，或适时抽身，以便灵动地进行自我展布，掌握最大的主动性。“不言之教”是这段话中十分重要的思想。老子认为，“言”是对事物的判断，而事物总是变动不居的，对事物特性的判断和对事物演变前景的预测都是不确定的，因此“言”不可靠，故而“不言”。老子的“不言之教”，后来被人们演绎为“身教重于言教”的道德教育原则。“身教重于言教”，其中包含了老子“不言之教”的含义，其意思是指身教的内涵远比言教丰富得多，许多道德教育的内容无法用语言传达，用行动做出示范更加直接，也更加令人信服；同时也有引申的意义，就是言论再好，也不如做得好，“听其言还要观其行”，只有言行一致才有说服力。

治大国，若烹小鲜，以道莅天下，其鬼不神。非其鬼不神，其神不伤人。非其神不伤人，圣人亦不伤人。夫两不相伤，故德交归焉。

——《老子·第六十章》

释义

治理大国，就好像烹煎小鱼儿一样（火候调料要恰到好处，少去翻动）。用“道”来治理天下，鬼物就不灵验。不但鬼物不灵验，神祇也不伤害人。不但神祇不伤害人，圣人也不伤害人。这样，鬼神与圣人都不伤害人。所以彼此能够相安无事。

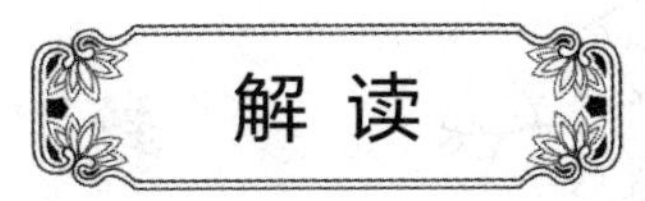

解读

“治大国若烹小鲜”是中国古代著名的成语。老子用做菜来比喻治国，从烹调大鱼和小鱼的不同方式，阐发了深刻的治国道理：做大鱼时，锅里一般只有一条鱼，鱼少醒目，好照顾。然而，做小鱼时，因为锅里的鱼多，而且鱼小易烧焦，所以火候把握，佐料加放都要小心，才能做出美味佳肴。治理大国，因为人口众多，事务繁杂，就如同烹制小鱼一样，要兼顾方方面面，做到“国无弃人”“事无遗算”。老子这段话告诉我们，中国这样一个大国，要管理好建设好，也必须有“若烹小鲜”的精神，善于拿捏火候，兼顾各方，综合平衡。要坚持全面协调、统筹兼顾的方针，既要抓好物质文明建设，也要抓好精神文明建设，既要大力推进经济社会发展，也要大力促进思想道德进步，既要培养大批具有高度科学文化知识水平的人，也要培养大批具有高度思想道德水平和完善人格的人。思想道德建设要从大处着眼，从小处着手，必作于细、必成于实。

第三节 施仁布德，当仁不让

孟子曰：『仁言不如仁声之入人深也，善政不如善教之得民也。善政，民畏之；善教，民爱之。善政得民财，善教得民心。』

——《孟子·尽心上》

释义

孟子说：“仁德的言语不如仁德的声望那样深入人心，好的政令不如好的教育那样赢得民心。好的政令，人民敬服；好的教育，人民喜爱。好的政令能够积聚天下的财富，好的教育能够得到天下的民心。”

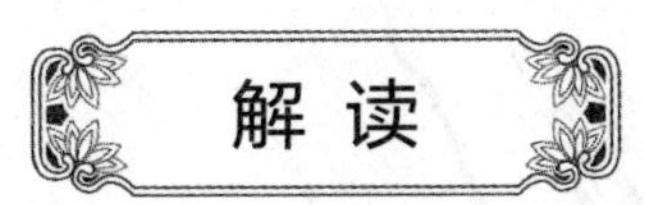

解读

孟子这段话主要强调，道德建设与其说虚言，不如重实干。进行道德教化，推行德政，不在于言辞说得好，而在于行动做得好。统治者发表仁民爱物的言论，不如切实施行仁政更能产生好的效果。通常做得好总比说得好要难得多。人民只有看到执政者切实作出道德示范，才会真正相信执政者的道德教化，遵循执政者的道德要求，自觉按照道德规范去做。孟子的这段话，阐明了道德建设的一个最基本的原则，就是要重实践、重示范，发挥先锋模范的道德引领作用，在道德实践中不断深化认识、提高水平。培育和践行社会主义核心价值观，要充分发挥党员干部的带头示范作用。共产党员和各级领导干部不能做空喊口号的“道学家”“两面人”，而要做带头实践社会主义核心价值观的先行者，做社会良好道德风尚的体现者，以自己的实际行动带动和影响周边的群众。

为政之道，以顺民心为本，以厚民生为本，以安而不扰为本。

——〔北宋〕程颢、程颐《二程集·代吕公著应诏上神宗皇帝书》

释义

执政的道理，以顺应民心为根本，以使人民生活充裕为根本，以使人民安定不受侵扰为根本。

解读

这段话提出了为政“三本”的思想。程颐总结历史经验教训，认为为政的关键是要顺民心、厚民生、使民安。这个观点应该说切中要害、很有道理。我们今天建设中国特色社会主义，本质上就是保护和发展人民群众的利益，“人民对美好生活的向往，就是我们的奋斗目标”。我们更应该做到顺民心、厚民生、使民安，可以说，“三本”思想在今天仍然有十分重要的现实意义。

帝喾曰：『德莫高于博爱人，而政莫高于博利人。』故政莫大于信，治莫大于仁，吾慎此而已矣。

——〔西汉〕贾谊《新书·修政语上》

释义

帝喾说：“执政者的最高德行是广博地爱护人民，最大的政绩是更多地给人民带来实际利益。”所以执政最重要的是确立信誉，治理最关键的是推行仁爱，我对这两个方面都非常用心。

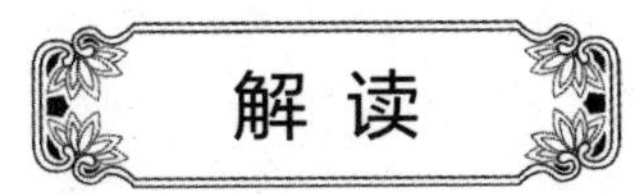

解读

这段话是贾谊假借帝喾之口说的，强调执政者的最高德行是广博地爱护人民，最大的政绩是更多地给人民带来实际利益。这位汉初政论家在两千多年前提出的这些思想，即使在今天也一点不过时，他所提出的为政者的道德标准、政绩标准仍然是正确的。这些年我们党反复要求，各级领导干部要坚持以人民为中心的工作导向，心系群众、服务群众，要“为官一任，造福一方”，这既是对我们党的优良传统的继承和发扬，也是对中国传统“官德”中优秀成果的继承和发扬。我们要继续发扬中国传统“官德”中的积极成果，使之为今天的党风廉政建设和作风建设服务。

第四节

国君好仁，天下无敌

王如施仁政于民，省刑罚，薄税敛，深耕易耨。壮者以暇日修其孝悌忠信，入以事其父兄，出以事其长上，可使制梃以挞秦楚之坚甲利兵矣。

彼夺其民时，使不得耕耨以养其父母。父母冻饿，兄弟妻子离散。彼陷溺其民，王往而征之，夫谁与王敌？故曰：『仁者无敌。』王请勿疑！

——《孟子·梁惠王上》

释义

君主如果对百姓施行仁政，应当减免刑罚，减轻他们的赋税负担，让百姓能够深耕细作、早除杂草。让年壮的人能够利用空闲的时间修养他们的孝悌忠信之德，回到家能够侍奉父母兄长，出门在外能够侍奉尊长上级，这样就可以使百姓制作棍棒之类简单的武器也能抗击秦国和楚国那些身穿坚硬铠甲、手持锋利兵器的敌军了。

秦王和楚王侵占人民的生产时间，使他们不能够通过耕种来养活父母。他们的父母受冻挨饿，他们的兄弟、妻子和子女分离逃散。秦王和楚王使得人民陷入痛苦的深渊，如果大王前去讨伐他们，还有谁能和大王为敌呢？所以说："仁德的人是无敌的。"请大王不要怀疑了！

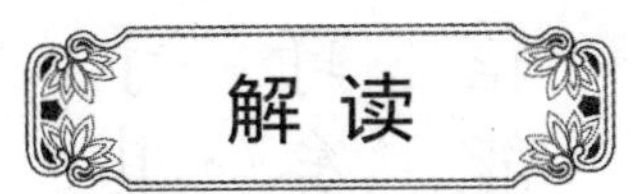

当梁惠王向孟子询问使国家强大的方法时，孟子向他阐述了仁者无敌的思想，提出了施仁政的主张。他提出：一是君主要减免刑罚、少收赋税，让人民能够深耕细作、早除杂草，增加粮食生产，改善人民的生活，提高人民的积极性；二是国家要对人民加以教化，使人民具有孝顺、尊敬、忠诚、守信的品质。人民获得温饱，又对国家忠诚，这样国力就会强大起来，小国就可以打败大国。孟子从物质文明和精神文明两个方面论述了如何使国力强大的问题，把施仁政的主张更加具体化了。应该说，孟子这种思想是很有道理的，国力和军事力量的强弱，并不仅仅看军队的强弱，如果得不到人民的支持，最终也会在军事斗争中失败。这是被历史反复证明了的道理。

孟子曰：『尊贤使能，俊杰在位，则天下之士皆悦，而愿立于其朝矣；市，廛而不征，法而不廛，则天下之商皆悦，而愿藏于其市矣；关，讥而不征，则天下之旅皆悦，而愿出于其路矣；耕者，助而不税，则天下之农皆悦，而愿耕于其野矣；廛，无夫里之布，则天下之民皆悦，而愿为之氓矣。信能行此五者，则邻国之民，仰之若父母矣。率其子弟，攻其父母，自有生民以来，未有能济者也。如此，则无敌于天下。无敌于天下者，天吏也。然而不王者，未之有也。』

——《孟子·公孙丑上》

释义

孟子说："尊重贤才，任用能人，杰出的人物都有职位，那么，天下的士人都乐于在这样的朝廷担任职务了；市场里储货的地方不征税，滞销的货物依法收购不使之积压，那么，天下的商人都乐于在这样的市场做生意了；关卡只稽查而不征税，那么，天下的旅客都乐于在这样的路上行走了；种庄稼的只按井田制助耕公田而不再缴税，那么，天下的农民都乐于在这样的土地上耕种了；在人民居住的地方没有额外的土地税和劳役税，那么，天下的百姓都乐于成为这里的居民了。真正能够做到这五点，就连邻国的百姓都会把这里的君主当父母一样仰慕。如果有谁想率领这些百姓来攻打这个君主，就好比率领子弟去攻打自己的父母，自有人类以来就没有成功过的。这样一来，这个君主就可以天下无敌了。天下无敌的人，可以说是上天派来的人。达到这样还不能使天下归服，那是从来没有过的。"

解读

这段论述中孟子提出了推行仁政的五个措施，论证了施仁政的巨大作用。孟子提出的施仁政思想，主观上是为了帮助统治者赢得民心、巩固统治，但在客观上却起到了缓解人民所受到的痛苦和压迫的作用，在历史上是有一定进步意义的。仁政思想的实践，使仁民爱众、民为邦本、亲民爱民等中国传统文化的进步思想进入到社会政治实践中，并在人民中普及、推广和得到认同，成为中华文化的有机组成部分，丰富了中国传统伦理道德思想。我们今天推进社会主义道德建设，也应当从传统文化和传统道德思想成果中汲取精华，剔除其封建主义的糟粕，以丰富和滋养社会主义核心价值观和社会主义道德建设。

或曰：『爱民如子，仁之至乎？』曰：『未也。』曰：『爱民如身，仁之至乎？』曰：『未也。汤祷桑林，邾迁于绎，景祠于旱，可谓爱民矣。』曰：『何重民而轻身也？』曰：『人主承天命以养民者也，民存则社稷存，民亡则社稷亡。故重民者，所以重社稷而承天命也。』

——〔东汉〕荀悦《申鉴·杂言上》

释义

有人问："爱人民如同爱自己的儿子一样，可以算做到仁的极致了吗？"回答说："不能算。"又问："爱人民如同爱自己的身体一样，这可以算达到仁的极致了吗？"回答说："不能算。从前商汤因为天旱到桑林去求雨，郏文公迁都到绎地去（占卜的人说迁都对人民有好处，对郏文公不利，但他还是迁都了），齐景公因为天旱求雨在太阳下晒了三天，像他们这样才可以算是爱人民。"又问："他们为什么这样看重人民而看轻自身呢？"回答说："君主是秉承上天的旨意来养育人民的，人民能够生存，国家就能保存，人民不能够生存，国家也就灭亡了。所以君主重视人民，就是重视国家，并秉承上天的旨意。"

解读

这段话中的“民存则社稷存，民亡则社稷亡”是非常有名的话，它继承了孟子讲的“民为贵，社稷次之，君为轻”的论述，发展了中国古代一以贯之的“民为邦本”的思想。荀悦对“民”与“社稷”关系的深刻认识，显然与东汉末年的政治形势有关。东汉末年，爆发了以黄巾起义为代表的农民起义，起义军以摧枯拉朽之力冲击着腐朽的封建势力。当时的一首民谣，充分反映了农民起义者的不屈精神：“小民发如韭，剪复生；头如鸡，割复鸣。吏不必可畏，从来必可轻。”这场席卷中原大地的农民起义令荀悦对人民的力量有了深刻认识。什么叫作仁，统治者怎样才能体现出仁爱？荀悦认为，爱民如子和爱民如身都不能算作“仁之至”，只有与民同乐、与民同忧才是真正的爱民之举。“下有忧民，则上不尽乐，下有饥民，则上不备膳，下有寒民，则上不具服。”只有做到这样，才是一个有仁德之人、有仁德之君。由此可见，中国古人把仁的最高境界、道德的最高境界，界定为热爱人民和自己的国家，保持种族和社稷的延续。我们今天讲践行社会主义核心价值观，讲做一个有道德的人，其最高追求也应该是热爱祖国、热爱人民，为了国家和人民的利益贡献自己的一切。

跋

学者非必为仕，而仕者必如学

古人云：“学者非必为仕，而仕者必如学。”在信息化、知识化时代，领导干部加强学习，勤读书、善读书、读好书，特别是多读些国学经典尤为重要。习近平总书记指出，中国传统文化博大精深，学习和掌握其中的各种思想精华，对树立正确的世界观、人生观、价值观很有益处。中华优秀传统文化是中华民族的精神基因，是中华民族生生不息、薪火相传的丰厚养料。建设中华民族共有的精神家园，培育和践行社会主义核心价值观，要从优秀传统文化中汲取精神营养，只有这样才能凝魂聚气，强基固本，不断夯实中国特色社会主义的思想道德基础。

中华优秀传统文化在探索天人之际、古今之变、成人之道的过程中，形成了宝贵的治国理念和崇高的价值追求。比如，天下兴亡、匹夫有责的家国意识，民为邦本、惠民富民的民本思想，经世致用、知行合一的实践理性，民胞物与、泽被万物的人文情怀，穷变通久、与时偕行的创新精神，自强不息、厚德载物的道德追求，富贵不淫、贫贱不移的大丈夫人格……这些治国理念和价值追求是中华民族独特的精神标志，是深厚的文化软实力。学习中华优秀传统文化，可以更加深刻地理解为什么说中国特色社会主义植根于中华优秀传统文化、反映中国人民意愿、适应中国和时代发展进步要求，从而更加坚定我们的道路自信、理论自信、制度自信、文化自信。

“君子之学也，以美其身。”通过学习来陶冶情操、完善人格，是中华优秀传统文化的一个突出特点。中华优秀传统文化重视通过自省、慎独、改过迁善、养浩然之气等自我修养来提升人生境界，如“吾日三省吾身”“君子慎其独也”“我善养吾浩然之气”等。中华优秀传统文化崇尚推己及人的处世准则，如“己所不欲，勿施于人”“己欲立而立人，己欲达而达人”等。中华优秀传统文化对“国家之败，由官邪也”有深刻的认识，强调为官者要涵育为政之德，如“律己以廉，抚民以仁，存心以公，莅事以勤”“当官之法惟有三事，曰清，曰慎，曰勤”等。总之，学习中华优秀传统文化有助于领导干部滋养心智、砥砺品格、提升能力。

中国的传统文化古籍卷帙浩繁，学习传统文化要取其精华、去其糟粕，做到“博学之，审问之，慎思之，明辨之、笃行之”。要坚持古为今用、推陈出新，加强对中华优秀传统文化的挖掘和阐发，努力实现中华传统美德的创造性转化、创新性发展，把跨越时空、超越国度、富有永恒魅力、具有当代价值的文化精神弘扬起来，把继承优秀传统文化又弘扬时代精神、立足本国又面向世界的当代中国文化创新成果传播出去，做到文化自觉、文化自信、文化自强。

陈宝生

（国家行政学院原党委书记、副院长）